中等职业教育财经类改革创新教材

点钞技术与实务

姜秀文 赵萍 主编

刘熠 王仕宫 于朝霞 副主编

COUNTING TECHNOLOGY

人民邮电出版社

北 京

图书在版编目（ＣＩＰ）数据

点钞技术与实务 / 姜秀文，赵萍主编. —— 北京：
人民邮电出版社，2014.7（2022.9重印）
中等职业教育财经类改革创新示范教材
ISBN 978-7-115-35417-4

Ⅰ. ①点… Ⅱ. ①姜… ②赵… Ⅲ. ①银行业务—中
等专业学校—教材 Ⅳ. ①F830.4

中国版本图书馆CIP数据核字(2014)第102983号

内 容 提 要

本书以岗位任务为驱动，以技法学习为主线，强调理论与实践相结合，力求每个任务做到图文并茂。本书突破了传统教材的编写模式，采用适合中职生年龄及认知特点的新颖形式，同时还采用了小组对抗赛、选手表演赛及模拟练习的形式来增强学习点钞技术的可操作性，力求达到使受教育者在"学中做，做中学"的教学效果。

本书按模块任务编写，可适用于不同工作岗位需求，内容上更加直观，更适合自学。本书由 8 个单元构成，每个单元由任务和项目实训组成，每个任务又由任务描述、任务分析和技法与步骤的分解图片组成。

本书可作为中等职业学校财会专业或相关专业教材，也可作为财会培训教材或自学用书。

◆ 主　编　姜秀文　赵　萍
　　副主编　刘　熠　王仕宫　于朝霞
　　责任编辑　蒋　亮
　　责任印制　杨林杰

◆ 人民邮电出版社出版发行　　北京市丰台区成寿寺路 11 号
　　邮编　100164　　电子邮件　315@ptpress.com.cn
　　网址　http://www.ptpress.com.cn
　　固安县铭成印刷有限公司印刷

◆ 开本：787×1092　1/16
　　印张：9.5　　　　　　　　　　2014 年 7 月第 1 版
　　字数：203 千字　　　　　　　2022 年 9 月河北第 13 次印刷

定价：26.00 元

读者服务热线：(010)81055256　印装质量热线：(010)81055316
反盗版热线：(010)81055315

吴向阳　山东工艺美术学院　教授/系主任

邵昌庆　青岛金晶玻璃有限公司　副总经理、高级工程师

秦　朴　青岛城市名人酒店　总经理

徐增佳　上汽实业有限公司（青岛分公司）　总经理助理

薛培财　青岛旭东工贸有限公司　经理

青岛开发区职业中专示范校建设系列教材

主　　任：崔秀光

副 主 任：侯方奎　　薛光来　　李本国　　杨逢春

　　　　　王济彬

委　　员：赵贵森　　张学义　　韩维启　　丁奉亮

　　　　　王志周　　张元伟　　王　部　　张　栋

　　　　　王本强　　李玉宁　　赵　帅　　彭琳琳

　　　　　荆建军　　殷茂胜　　宋　芳　　徐锡芬　　毛

　　　　　王景涛　　郭晓宁　　刘　萍　　王云红　　何

　　　　　杜召强　　潘进福　　朱秀萍　　焦风彩　　赵

　　　　　于雅婷　　王莉莉

校外参编人员（按姓氏笔画排序）

丁海萍　　上汽通用五菱汽车股份有限公司青岛分公司　　经

王　涛　　青岛华瑞汽车零部件有限公司车间　　主任

孙义振　　青岛澳柯玛洗衣机有限公司　　副总经理、高级工程

孙红菊　　北京络捷斯特科技发展有限公司　　副总经理

孙　斌　　青岛汇众科技有限公司　　主任

张正明　　青岛来易特机电科技有限公司　　经理

前言
PREFACE

本书以岗位职业能力培养和职业技能达级考证为目标，以《中等职业学校财经商贸专业教学指导方案》中主干课程"珠算与点钞教学基本要求"为指导，参照金融行业点钞技术等级鉴定标准进行编写，是一本适合中职学生学习、训练的校本教材。

本书以岗位任务为驱动，以技法学习为主线，强调理论与实践相结合，力求每个任务做到图文并茂，并突破了传统教材的编写模式，采用适合中职生年龄及认知特点的新颖形式，同时还采用了小组对抗赛、选手表演赛及模拟练习的形式来增强学习点钞技术的可操作性，力求达到受教育者在"学中做，做中学"的教学效果。在阐述基本指法、基本理论的基础上，本书突出了精讲多练，加强了对学生基本技能和动手能力的培养，使教学与实践结合更加紧密。本书注重实践性，体现职业教育的要求，突出职业技能的特点，努力实现为我国经济建设培养动手能力强、心理素质好、综合素质高的普通劳动者的职业教育培养目标。

本书按模块任务编写，可适用不同工作岗位需求，内容上更加直观，更适合自学。本书由 8 个单元构成，每个单元由任务和项目实训组成，每个任务又由任务描述、任务分析和技法与步骤的分解图片组成。

根据本书教学基本要求，结合学生实际情况，建议各单元教学课时安排如下。单元一：1 课时；单元二：5 课时；单元三：5 课时；单元四：2 课时；单元五：5 课时；单元六：5 课时；单元七：7 课时；单元八：5 课时。每个项目实训 4 课时。其中，项目实训中技法等级评价参考表 1 和表 2。

表 1 等级说明表

等 级	说 明
1	能高质量完成学习目标，技法连贯、娴熟，能起示范作用
2	能较好完成学习目标，且技法连贯、无误
3	能圆满完成学习目标，完成动作的衔接

表 2 评价说明表

点 法	等 级	3 分钟张数	百张所用时间	评 价
单指单张点钞法	1	700 张以上	22 秒以内	优
	2	600～699	24 秒以内	良
	3	500～599	26 秒以内	合格
多指多张点钞法	1	1 000 张以上	16 秒以内	优
	2	900～999	20 秒以内	良
	3	700～899	22 秒以内	合格
扇面点钞法	1	1 000 张以上	17 秒以内	优
	2	800～999	20 秒以内	良
	3	700～799	22 秒以内	合格

前 言
PREFACE

　　本书由姜秀文、赵萍担任主编，刘熠、王仕宫、于朝霞任副主编，编者多年从事"点钞"课的理论教学和实践训练工作，辅导的学生多次代表青岛市参加省赛获一等奖、国赛银奖。荆艳、王秀、房倩负责技法动作的模拟、训练及图片、课件的协助制作。在编写过程中，本书还得到了计算机专业窦立波老师、梁丽霞老师的大力支持，在此致以衷心的感谢。

　　根据本课程教学基本要求，结合学生实际，本书还配有教学指导光盘及课件并已上传到人民邮电出版社教学服务与资源网（www.ptpedu.com.cn），学生可自行下载使用。

　　由于编者水平和经验有限，书中难免存在疏漏和不妥之处，恳请读者批评、指正。

编者

2014 年 1 月

目 录
CONTENTS

单元一　点钞技术初印象……………………………………1

　　任务一　介绍点钞用品及摆放位置………………1

　　任务二　了解基本程序和要求……………………2

　　任务三　介绍点钞的基本方法……………………4

　　任务四　熟悉清点计数的方法……………………4

　　项目实训　让学生快速熟读计数方法……………5

单元二　手持式单指单张点钞法……………………7

　　任务一　持钞与拆把——开始点钞的
　　　　　　准备动作………………………………7

　　任务二　技法分解动作——指法动作分工……8

　　任务三　清点——逐张捻弹点钞纸……………10

　　任务四　计数、扎把——整理、捆扎
　　　　　　点钞纸…………………………………12

　　任务五　墩齐、盖章——记录点钞纸的
　　　　　　张数……………………………………13

　　项目一　点钞实务——初练动作实训
　　　　　　（观摩光盘内容1）…………………14

　　项目二　点钞实务——混钞清点训练
　　　　　　（观摩光盘内容2）…………………18

　　项目三　点钞实务——快准训练
　　　　　　（观摩光盘内容3）…………………21

　　项目四　点钞实务——社团活动训练
　　　　　　（观摩光盘内容4）…………………24

　　项目实训中技法等级评价表
　　（手持式单指单张点钞法）……………………27

单元三　手按式单指单张点钞法……………………28

　　任务一　持钞与拆把——开始点钞的
　　　　　　准备动作………………………………28

　　任务二　技法分解动作——指法动作分工…29

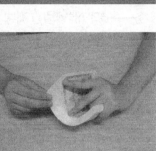

目 录
CONTENTS

任务三 　清点——逐张滑动点钞纸…………32

任务四 　计数、扎把——整理、捆扎点

　　　　钞纸 ……………………………33

任务五 　墩齐、盖章——记录点钞纸的

　　　　张数 ………………………………35

项目一 　点钞实务——初练动作实训

　　　　（观摩光盘内容5）…………36

项目二 　点钞实务——新旧混钞清点训练

　　　　（观摩光盘内容6）…………40

项目三 　点钞实务——快准训练

　　　　（观摩光盘内容7）…………43

项目四 　点钞实务——社团活动训练

　　　　（观摩光盘内容8）…………46

项目实训中技法等级评价表

（手按式单指单张点钞法）……49

单元四　单指多张点钞法…………50

任务一 　持钞与拆把——准备动作…………50

任务二 　技法分解动作——指法动作

　　　　分工 …………………………51

任务三 　清点——四张捻送点钞纸…………53

任务四 　计数、扎把——整理点钞纸…………55

任务五 　墩齐、盖章——记录点钞纸的

　　　　张数 ………………………………57

综合性训练 ……………………………58

项目实训中技法等级评价表

（单指多张点钞法）……………67

单元五　手持式多指多张点钞法…………68

任务一 　持钞与拆把——准备动作…………68

任务二 　技法分解动作——指法动作分工 …69

目 录
CONTENTS

任务三　清点——捻划四张点钞纸…………71

任务四　计数、扎把——整理点钞纸………72

任务五　墩齐、盖章——记录点钞纸的

　　　　张数……………74

项目一　点钞实务——初练动作实训

　　　　（观摩光盘内容10）…………75

项目二　点钞实务——提速清点训练

　　　　（观摩光盘内容11）…………78

项目三　点钞实务——快准训练

　　　　（观摩光盘内容12）…………81

项目四　点钞实务——社团活动训练

　　　　（观摩光盘内容13）…………84

项目实训中技法等级评价表

（手持式多指多张点钞法）…………87

单元六　手按式多指多张点钞法……88

任务一　持钞与拆把——准备动作………88

任务二　技法分解动作——指法用途……89

任务三　清点——右手三指捻拉点钞纸……90

任务四　扎把、计数——整理点钞纸……91

任务五　墩齐、盖章——记录点钞纸的

　　　　张数……………93

项目实训　综合性训练

（观摩光盘内容14）…………94

项目实训中技法等级评价表

（手按式多指多张点钞法）…………103

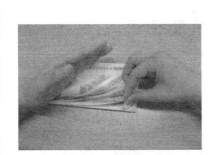

单元七　扇面点钞法…………104

任务一　持钞与拆把——准备动作………104

任务二　技法分解动作——指法动作

　　　　任务分工…………105

目 录
CONTENTS

任务三　清点——右手拇指与食指交替
　　　　按压点钞纸 ·············· 107

任务四　计数、扎把——整理、捆扎点
　　　　钞纸 ·················· 108

任务五　墩齐、盖章——记录点钞纸的
　　　　张数 ·················· 110

项目一　点钞实务——打开扇面训练
　　　　（观摩光盘内容15） ······· 111

项目二　点钞实务——提速清点训练
　　　　（观摩光盘内容16） ······· 114

项目三　点钞实务——快准训练
　　　　（观摩光盘内容17） ······· 117

项目四　点钞实务——社团活动训练
　　　　（观摩光盘内容18） ······· 120

项目实训中技法等级评价表
（扇面点钞法） ················· 123

单元八　手持式五指五张点钞法 ·········· 124

任务一　拆把——开始点钞的准备动作 ····· 124

任务二　技法分解动作——指法动作
　　　　分工 ·················· 125

任务三　清点——一次五张滑弹点钞纸 ····· 126

任务四　计数、扎把——整理、捆扎点
　　　　钞纸 ·················· 128

任务五　墩齐、盖章——记录点钞纸的
　　　　张数 ·················· 130

项目一　点钞实务——初练动作实训
　　　　（观摩光盘内容19） ······· 131

项目二　点钞实务——社团活动训练
　　　　（观摩光盘内容20） ······· 134

项目实训中技法等级评价表
（手持式五指五张点钞法） ········· 137

单元一
点钞技术初印象

点钞又称票币整点，是财会、金融和商品贸易经营等专业应该掌握的一项专业技法，是从事财会、金融和商品经营等工作必须具备的基本技能。点钞作为整理、清点货币的一项专门技术，是国家货币管理机关——银行对货币进行管理的一个重要环节。货币在流通过程中会受到不同程度的折损、混放，因此必须按照要求对货币进行整理、清点。另外，作为负责收、付款业务的人员，每时每刻都要收进、付出或盘点款项，都必须进行清点、挑剔和鉴别真伪，使之整齐划一、数目准确，以保证货币的正常运转和流通。

在对货币的收付、整点中，要把混乱不齐、折损不一的钞票进行整理，使之整齐、美观。整理的具体要求如下：

平铺整齐，边角无折；同券一起，不能混淆；

券面同向，不能颠倒；验查真伪，去伪存真；

剔除残币，完残分放；百张一把，十把一捆；

扎把捆捆，经办盖章。

能力目标

通过本单元的学习，让学生在学习、了解点钞的基本要求、指法及基本理论的基础上，注重细听多练，加强基本技能和动手能力的培养，养成严谨、细致的工作态度和精益求精的业务追求，使学生尽快进入角色，熟悉点钞的流程。

任务一　介绍点钞用品及摆放位置

任务描述

点钞首先要求操作定型、用品定位，即点钞时使用的点钞纸、捆钞纸、印章、印泥、海绵壶、笔、记录纸、计算器等要按使用顺序固定位置放好，以便点钞时使用顺手。

任务分析

在摆放用品时，位置要固定，形成自己的习惯，各个环节要紧凑，两手动作要协调，做到操作过程连贯统一、干净利落。

技法与步骤

（1）学习动作时：将未整点的点钞纸放在左侧，捆钞纸放在右侧上端，笔、记录纸放在中间下端，海绵壶放在上端或右端，这样摆放紧凑、方位得当、距离适宜、便于操作，如图1-1所示。	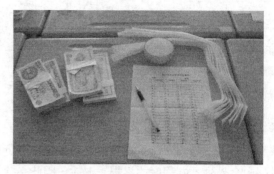 图 1-1
（2）项目实训时：可以根据个人的习惯，将点钞纸排放在左上侧，捆钞纸放在上端，纸、笔和印章放在中间下端，海绵壶放在下端或右端，计算器放在右上端，目的也是使各项用品摆放有序、距离适宜、便于使用，如图1-2所示。	 图 1-2

任务二　了解基本程序和要求

 任务描述

点钞的基本程序：拆把、点数、扎把、盖章。

点钞的基本要求：坐姿端正、操作定型、用品定位、点数准确、钞票墩齐、扎把捆紧、盖章清晰、动作连贯。

任务分析

点钞过程的各个环节必须密切配合，环环相扣，即将拆把、点数、扎把、盖章等环节紧密配合。双手动作要协调，清点速度要均匀，沾水次数不宜过多。

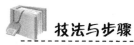

（1）拆把：右手四指在点钞纸下方放好，拇指用力下按，将点钞纸压成瓦状；左手向内翻转，左食指勾住捆钞纸，将其撕断或抹掉，如图1-3所示。

图1-3

（2）点数：左手拇指自然放在点钞纸的左上角位置，不要用力压；右手拇指与贴在侧面的食指和中指一起捻开一张，如图1-4所示。

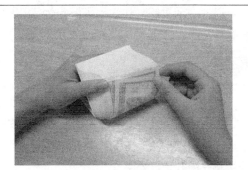

图1-4

（3）扎把：右手拇指和食指将捆钞纸在所处的点钞纸的上边缘位置向右翻折、捆扎；左手五指（在捆钞时将点钞纸压成瓦状）在捆完后将点钞纸在桌面压平，如图1-5所示。

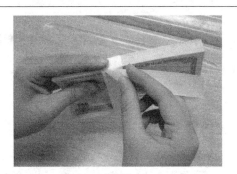

图1-5

（4）盖章：记录完张数后，右手快速拿起自己的印章，在点钞纸的上侧面盖章，完成这一把点钞纸的清点工作，如图1-6所示。

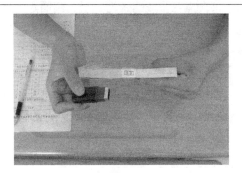

图1-6

任务三　介绍点钞的基本方法

任务描述

在实践中常用的点钞基本方法有单指单张点法、单指多张点法、多指多张点法和扇面点法等，具体要求须结合钱币的新旧程度、量的多少和币值的不同使用不同的点钞方法。

任务分析

通过演示讲解，让学生了解点钞常用的几种方法，区别在不同的情况下运用与之相适合的方法清点钞票，提高学生的学习兴趣。

技法与步骤

点钞的方法分为：手工点钞和机器点钞（附件）。

手工点钞又分为：手持式点钞法和手按式点钞法。

常用的点钞法又分为：单指单张点钞法、单指多张点钞法、多指多张点钞法、扇面点钞法、五指五张点钞法。

任务四　熟悉清点计数的方法

任务描述

此项任务是了解点钞法的计数方法，不同的点钞法计数的方法是不同的。单指单张点钞法：采用分组计数法，每次点一张。单指多张点钞法和多指多张点钞法：采用分组计数法，每次点三张或四张为一组。扇面点钞法和五指五张点钞法：采用分组计数法，以五张为一组。五指五张点钞法：采用分组计数法，以五张为一组。

任务分析

点钞计数方法简单易学，关键是对不同的点钞法要运用不同的计数方法，且要熟练将余数加进总张数里，快速算出本把的张数。

技法与步骤

不同的点钞法计数的方法是不同的。

单指单张点钞法：采用分组计数法，把 10 作 1 计，即

　　1、2、3、4、5、6、7、8、9——1（10）

　　1、2、3、4、5、6、7、8、9——2（20）

　　1、2、3、4、5、6、7、8、9——3（30）

　　　　　　　……

　　1、2、3、4、5、6、7、8、9——10（100）

单指多张点钞法：采用分组计数法，如点双数，两张为一组计数，50 组就是 100 张；点三张为一组计一个数，33 组余 1 张即是 100 张；点四、五张以上均按此方法计数。但是以五张为一组计数时，因点数要求两次凑足十张，所以，每次无论多于或少于五张的，均按五张计数，只是在心中掌握下次多点或少点，以补齐十张整数。

手持式多指多张点钞法：采用分组计数法，每次点四张为一组，计满 25 组为 100 张。

手按式多指多张点钞法：采用分组计数法，点三张为一组计一个数，计满 33 组余 1 张，即是 100 张。

扇面点钞法：采用分组计数法，与上述五张为一组计数的要求相同。

五指五张点钞法：采用分组计数法，每次点五张为一组，计满 24 组为 100 张。

项目实训　让学生快速熟读计数方法

首先，分六个小组对不同的计数方法进行强化记忆。

第一小组：单指单张点钞法的计数强化训练，即

　　1、2、3、4、5、6、7、8、9——1（10）

　　1、2、3、4、5、6、7、8、9——2（20）

　　1、2、3、4、5、6、7、8、9——3（30）

　　1、2、3、4、5、6、7、8、9——4（40）

　　1、2、3、4、5、6、7、8、9——5（50）

　　1、2、3、4、5、6、7、8、9——6（60）

　　1、2、3、4、5、6、7、8、9——7（70）

　　1、2、3、4、5、6、7、8、9——8（80）

　　1、2、3、4、5、6、7、8、9——9（90）

　　1、2、3、4、5、6、7、8、9——10（100）

第二小组：练习单指多张点钞法。如点双数，两张为一组计数，50 组就是 100 张；点三张为一组计一个数，33 组余 1 张即是 100 张；点四、五张以上均按此方法计数。但是以五张为一组计数时，因点数要求两次凑足十张，所以，每次无论多于或少于五张的，均按五张计数，只是在心中掌握下次多点或少点，以补齐十张整数。

第三小组：练习手持式多指多张点钞法：采用分组计数法，每次点四张为一组，计满

25 组为 100 张。

第四小组：练习手按式多指多张点钞法：采用分组计数法，点三张为一组计一个数，计满 33 组余 1 张，即是 100 张。

第五小组：练习扇面点钞法：采用分组计数法，但以五张为一组计数时，因点数要求两次凑足十张，所以，每次无论多于或少于五张的，均按五张计数，只是在心中掌握下次多点或少点，以补齐十张整数。

第六小组：练习五指五张点钞法；采用分组计数法，点五张为一组计一个数，计数满 20 组为 100 张。

然后，各小组比赛，看看那个小组记得又快又准，并记录好各小组的比赛成绩。

最后，各小组轮换记忆其余的方法，直到全体学生都能全部记忆和熟练运用。

单元二
手持式单指单张点钞法

学生从上一单元中了解了点钞技术的基本情况，本单元及以后单元再让他们进一步了解按照指法不同分为的单指单张点钞法、单指多张点钞法、多指多张点钞法和扇面点钞法；还有根据方式不同分为的手持式点钞法和手按式点钞法。

单指单张点钞法是使用一个手指一次点一张的一种基本方法，也是最常用的一种方法。其使用范围较广，频率较高，适用于收款、付款和整点各种新旧、大小面额钞票。

这种点钞方法由于所持票面小，能看到票面的 3/4，容易发现假钞票及残破钞票，因此此方法有利于识别钞票的真假和残损。另外，此方法每次清点一张，频率高，但不易掌握，点一张计一个数，比较费力、费时，容易记混、数错，这也是此方法的缺点，也是难点。

能力目标

通过理论讲解和动作示范，让学生能够进行模仿练习，从慢动作开始熟悉每个点钞动作，进而提高速度和准确率。

促使学生的专业技能在各自的基础上得到进一步提高，让学生学会自我评价，并养成严谨、细致、一丝不苟的职业素质。

任务一　持钞与拆把——开始点钞的准备动作

 任务描述

项任务是单指单张点钞法的开始动作，取过一把捆好的点钞纸，两手拿住点钞纸的两端并持平，直腰挺胸，全身自然，肌肉放松，双肘自然放在桌上，左手腕部接触桌面，右手腕部抬起。

任务分析

持钞动作简单易学，关键是拆把，有两种拆把方法，一种是撕断法，另一种是抹掉法，两种都适用。

技法与步骤

（1）左、右手拇指在点钞纸的两端上面，其余左、右手四指在两端的底部，两臂自然放在桌上，两脚自然分开，身体前倾，目视点钞纸，准备开始点钞，如图 2-1 所示。

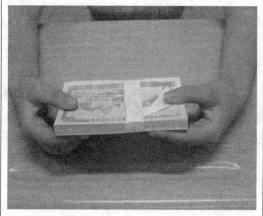

图 2-1

（2）右手按原动作放好，拇指用力下按，将点钞纸压成瓦状；左手向内翻转，左食指勾住捆钞纸，将其撕断或抹掉，如图 2-2 所示。

图 2-2

任务二　技法分解动作——指法动作分工

 任务描述

拆把后就是指法的动作分工了，这项任务至关重要，只有掌握规范的指法才能越点越顺手，越点速度越快、准确率越高。

任务分析

本项任务关键是右手拇指的捻和右手无名指的弹，掌握好节奏和频率，能取得事半功倍的效果。

（1）右手拿住点钞纸，左手小指和无名指自然分开，将点钞纸快速放入其中，并立刻弯曲小指和无名指，夹紧点钞纸的左端，如图2-3所示。

图 2-3

（2）左手中指用力压到无名指的指关节外侧并伸直，中指指肚触到点钞纸的中间位置；伸直左手食指并向前指，左手拇指向上伸直，与左手食指呈"八"字状打开，如图2-4所示。

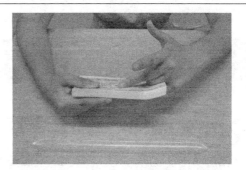

图 2-4

（3）右手四指顺着左手中指的指向位置将点钞纸右端上翻，接触到左手食指的横向指面上，左手拇指压住点钞纸左部位置，如图2-5所示。

图 2-5

（4）左手小指、无名指和中指控制点钞纸的左端，左手食指和拇指控制点钞纸的右端，右手拇指、食指和中指捏住点钞纸右角用力一掰，松开呈扇面，如图2-6所示。

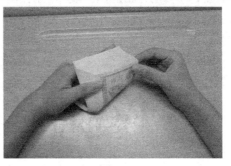

图 2-6

（5）左手五指仍然跟上面动作一样控制点钞纸，右手拇指放在点钞纸的右上角，食指和中指并放在点钞纸的右上角钞背面，如图2-7所示。

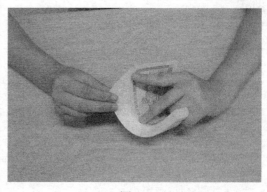

图 2-7

任务三　清点——逐张捻弹点钞纸

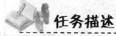

任务描述

指法动作掌握后，就是本单元的重点任务——清点，左手五指姿势固定后，关键是练习右手无名指"弹"的动作。

任务分析

此任务在练习"弹"的动作时，右手要轻点快弹，逐渐加快节奏，提高捻弹频率，不要出现忽快忽慢的情况。

技法与步骤

（1）左手拇指自然放在点钞纸的左上角位置，不要用力压；右手拇指与贴在侧面的食指和中指一起捻开一张，如图 2-8 所示。

图 2-8

（2）右手拇指捻开一张后，右手无名指迅速跟进并弹走捻开的那张，接着右手拇指继续下拉，如图 2-9 所示。

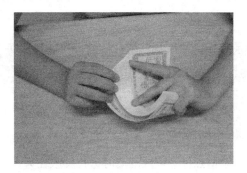

图 2-9

（3）右手除小指起辅助下弹的作用外，其余四指按照分工连续捻弹至点钞纸的一半时，左手拇指要跟随后撤，配合右手动作，如图 2-10 所示。

图 2-10

（4）当手持式单指单张点钞即将结束时，右手拇指将剩余几张拉开，加进总张数中，如图 2-11 所示。

图 2-11

（5）点完后，两手迅速整理点过的点钞纸，双手一起横放、墩齐、收紧，如图 2-12 所示。

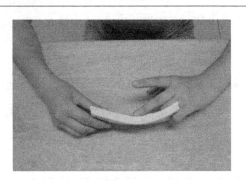

图 2-12

任务四 计数、扎把——整理、捆扎点钞纸

 任务描述

在清点任务完成的同时进行计数任务，计数时采用分组记数：1、2、3、4、5、6、7、8、9——1（10），1、2、3、4、5、6、7、8、9——2（20）直至 10（即 100），要求不要念出声。

 任务分析

此项任务的关键是默记数时的节奏与右手无名指"弹"的节奏保持一致，做到脑、眼、手密切配合，既快又准，并要求扎把时动作连贯、流利。

 技法与步骤

（1）清点完后，左手拇指和其余四指捏住点钞纸并呈瓦状，右手食指伸开迅速与拇指和中指捏住桌子右上方放置的捆钞纸，如图 2-13 所示。	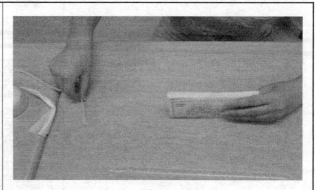 图 2-13
（2）用点钞纸后面的左手中指止住右手送过来的捆钞纸（捆的位置在点钞纸的中间），然后右手三指拉住捆钞纸自上往下转圈，如图 2-14 所示。	 图 2-14

（3）在转捆钞纸时，左手拇指用力下压，使点钞纸成瓦状。旋转两圈至点钞纸上侧面时，左手食指帮忙压住捆钞纸，如图 2-15 所示。	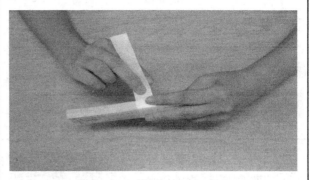 图 2-15
（4）右手拇指和食指将捆钞纸在所处的点钞纸的上边缘位置向右翻折，左手五指仍用力将点钞纸压成瓦状，如图 2-16 所示。	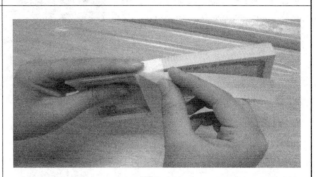 图 2-16
（5）右手中指将右手拇指和食指翻折的捆钞纸顺势从其底部送过来，左手拇指接住并收紧，如图 2-17 所示。	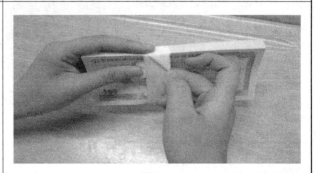 图 2-17

任务五　墩齐、盖章——记录点钞纸的张数

 任务描述

清点完后快速将脑中所计点钞纸的张数记在记录表中，然后右手迅速去取自己的印章，在捆钞纸的上侧面盖章。

任务分析

此项任务的完成意味着用手持式单指单张点钞法点钞的完成，且要盖章以明确责任人。

技法与步骤

（1）左手拇指接住捆钞纸后，将凹面向下，迅速压平点钞纸，右手快速取笔，将数过的张数记在记录纸上，如图 2-18 所示。	 图 2-18
（2）记录完后，右手拿起自己的印章，在点钞纸的上侧面盖章，完成这一把点钞纸的清点工作，如图 2-19 所示。	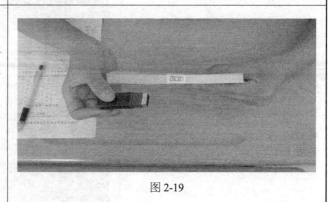 图 2-19

项目实训

项目一　点钞实务——初练动作实训（观摩光盘内容1）

分小组练习，先把动作姿势练习好，并分别指导，然后学生相互观摩。

准备练习用具：秒表、点钞机、点钞纸 20 把。

（1）分小组初步练习点钞动作，老师观摩与指导有序进行。同学间相互指出问题，并由老师巡回指导，如图 2-20 所示。

图 2-20

（2）在练习指法动作的同时，有针对地练习学生的心理素质，可以安排一组同学练习，另一组同学在周围观摩，给练习的同学一些压力，如图 2-21 所示。

图 2-21

（3）在练习指法动作过程中，要求完成拆把—清点—计数—扎把—盖章的全过程按标准动作，动作放慢，指法必须准确无误，如图 2-22 所示。

图 2-22

点钞实务练习记录表（初练动作实训）

点法： 手持式单指单张点钞法   班级：   姓名：

序号	张数	时间（秒）	成绩	序号	张数	时间（秒）	成绩
1				21			
2				22			
3				23			
4				24			
5				25			
6				26			
7				27			
8				28			
9				29			
10				30			
11				31			
12				32			
13				33			
14				34			
15				35			
16				36			
17				37			
18				38			
19				39			
20				40			

点钞实务练习记录表（初练动作实训）

点法： 手持式单指单张点钞法   班级：   姓名：

序号	张数	时间（秒）	成绩	序号	张数	时间（秒）	成绩
1				21			
2				22			
3				23			
4				24			
5				25			
6				26			
7				27			
8				28			
9				29			
10				30			
11				31			
12				32			
13				33			
14				34			
15				35			
16				36			
17				37			
18				38			
19				39			
20				40			

项目二 点钞实务——混钞清点训练
（观摩光盘内容2）

在收银过程中，经常会收到混在一起的、不同面额的钞票，遇到这种情况，一般使用单指单张点钞法或单指多张点钞法。如何又快又准地点清张数，计算出金额，就要求加强**混钞清点**项目的训练。

（1）先将混杂在一起的不同面值的钞票捋顺、分类，按照币值从小到大的顺序排列好，准备清点，如图2-23所示。	 图 2-23
（2）从小额票面开始单指单张捻点，10 元以双张为主计数，捻点后，成单的另计。然后接着点 20 元的，如图 2-24 所示。	 图 2-24
（3）点完 20 元的，接着点 50 元的、100 元的，以心算为主，辅之以计算器，加上余数即为所捻点之数，如图 2-25 所示。	 图 2-25

点钞实务测试记录表（混钞清点训练）

点法：手持式单指单张点钞法　　　　　　班级：　　　　　姓名：

序号	张数	时间（秒）	成绩	序号	张数	时间（秒）	成绩
1				21			
2				22			
3				23			
4				24			
5				25			
6				26			
7				27			
8				28			
9				29			
10				30			
11				31			
12				32			
13				33			
14				34			
15				35			
16				36			
17				37			
18				38			
19				39			
20				40			

点钞实务测试记录表（混钞清点训练）

点法： 手持式单指单张点钞法　　　　　班级：　　　　姓名：

序号	张数	时间（秒）	成绩	序号	张数	时间（秒）	成绩
1				21			
2				22			
3				23			
4				24			
5				25			
6				26			
7				27			
8				28			
9				29			
10				30			
11				31			
12				32			
13				33			
14				34			
15				35			
16				36			
17				37			
18				38			
19				39			
20				40			

项目三　点钞实务——快准训练
（观摩光盘内容3）

准备快准训练用具：秒表、点钞机、调整好张数的点钞纸 20 把（对学生抽测用），学生互相抽张数时，控制在 0～5 张。

（1）快准训练不但要求点得快，而且要求准确率。同桌间相互检测，并记录张数、时间和同桌的批示，如图 2-26 所示。	 图 2-26
（2）分组检测，对学生点过的点钞纸进行检查，核对准确率后，再打乱张数供下一组检测，如图 2-27 所示。	 图 2-27
（3）要求在快准训练中，多练习准确率，同桌间每次抽取的张数要有变化，目的是在提高速度的同时关键看准确率，否则一切为零，如图 2-28 所示。	 图 2-28

点钞实务比赛记录表（快准训练）

点法：手持式单指单张点钞法   班级：   姓名：

序号	张数	时间（秒）	成绩	序号	张数	时间（秒）	成绩
1				21			
2				22			
3				23			
4				24			
5				25			
6				26			
7				27			
8				28			
9				29			
10				30			
11				31			
12				32			
13				33			
14				34			
15				35			
16				36			
17				37			
18				38			
19				39			
20				40			

点钞实务练习记录表（快准训练）

点法：手持式单指单张点钞法　　　　　班级：　　　　姓名：

序号	张数	时间（秒）	成绩	序号	张数	时间（秒）	成绩
1				21			
2				22			
3				23			
4				24			
5				25			
6				26			
7				27			
8				28			
9				29			
10				30			
11				31			
12				32			
13				33			
14				34			
15				35			
16				36			
17				37			
18				38			
19				39			
20				40			

项目四　点钞实务——社团活动训练（观摩光盘内容4）

在社团活动的训练中，参照全国中等职业学校会计技能大赛点钞比赛要求进行训练。每位成员20把调整好张数的点钞纸，互相抽取张数，限时3分钟，按大赛要求训练。

（1）社团活动，即点钞兴趣小组的训练，是在技法动作熟练的基础上，同桌间相互检测，并记录张数、时间和同桌批示的一项活动，如图2-29所示。	 图2-29
（2）采取人机对抗赛、小组赛和一个人点另一个人站着看，并帮助计时等多种形式，不断促使学生平衡心理，提高点钞速度，如图2-30所示。	 图2-30
（3）在准备动作中听到"开始"口令后，要求完成拆把—清点—计数—扎把—盖章的全过程，并要仔细、缜密、快速进入点钞竞赛状态，如图2-31所示。	 图2-31

全国中等职业学校会计技能大赛点钞比赛

成 绩 记 录 单

赛场号：

项目			座位号		准备把数		实点把数	
01		02		03	04		05	
06		07		08	09		10	
11		12		13	14		15	
16		17		18	19		20	

填写要求：凡正确把不用填写，错误把在相应的序号中写上错误张数

选手成绩评定（由裁判员填写）

点对把得分：__分

扣分情况（由裁判员填写）

1. 点错把　扣 10 分　__把=__分

2. 没有扎把或扎把不符合要求　扣 2 分　__把=__分

3. 甩把　扣 10 分　__把=__分

4. 跳把　扣 10 分　__把=__分

5. 抢点或超时点　扣 __ 分

6. 没有拆把　扣 1 分　__把=__分

7. 没有盖章　扣 1 分　__把=__分

累计扣 __ 分

成绩		裁判员签字	

全国中等职业学校会计技能大赛点钞比赛

成 绩 记 录 单

赛场号:

项目		座位号		准备把数		实点把数	
01		02		03		04		05
06		07		08		09		10
11		12		13		14		15
16		17		18		19		20

填写要求:凡正确把不用填写,错误把在相应的序号中写上错误张数

选手成绩评定(由裁判员填写)

点对把得分:__分

扣分情况(由裁判员填写)

1. 点错把   扣10分   __把=__分

2. 没有扎把或扎把不符合要求   扣2分   __把=__分

3. 甩把   扣10分   __把=__分

4. 跳把   扣10分   __把=__分

5. 抢点或超时点   扣 __ 分

6. 没有拆把   扣1分   __把=__分

7. 没有盖章   扣1分   __把=__分

累计扣 __ 分

成绩		裁判员签字	

项目实训中技法等级评价表
（手持式单指单张点钞法）

（一）等级说明表

等级	说明
1	能高质量完成学习目标，技法连贯、娴熟，能起示范作用
2	能较好完成学习目标，且技法连贯、无误
3	能圆满完成学习目标，完成动作的衔接

（二）评价说明表

点法	等级	3分钟张数	百张所用时间	评价
手持式单指单张点钞法	1	700张以上	22秒以内	优
	2	600～699	24秒以内	良
	3	500～599	26秒以内	合格

单元三
手按式单指单张点钞法

学生学习了手持式单指单张点钞法的指法，其手指灵活性有了一定的锻炼，也了解了计数、扎把、盖章等，这对于学习手按式单指单张点钞法打下了良好的基础。

手按式单指单张点钞法是使用一个手指一次滑一张的一种基本点钞方法，也是一种常用的指法，适用于收款、付款和整点各种新的大小面额钞票。

手按式单指单张点钞法也是所持票面小，能看到票面的 3/4，容易发现假钞票。另外，每次清点一张，拇指滑下一张或听声音计一个数，未滑下或滑多一张比较容易发现，准确率相对比较高，而且比手持式单指单张点钞法省力。不足之处是在点得相当快时，落钞的流畅性和对滑动的动作把持上比较难。

能力目标

通过指法讲解和动作演示，让学生进行模仿练习，教师逐一指导和纠正，从慢动作开始准确掌握和熟练每一个动作，并通过大量练习进行强化训练，达到指法的技能水平。

让学生学会一精多能的教育理念，使学生的专业技能在掌握基本理论的基础上得到实践练习和强化训练。培养学生作为会计人员必须具备的素质。

任务一　持钞与拆把——开始点钞的准备动作

任务描述

此项任务是单指单张点钞法的开始动作，取过一把捆好的点钞纸，两手拿住点钞纸的两端并持平，直腰挺胸，全身自然，肌肉放松，双肘自然放在桌上，左手腕部接触桌面，右手腕部抬起。

任务分析

持钞动作简单易学，关键是拆把，有两种拆把方法，一种是撕断法，另一种是抹掉法，两种都适用。

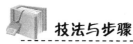
（1）左、右手拇指在点钞纸的两端上面，其余左、右手四指在两端的底部，两臂自然放在桌上，两脚自然分开，身体前倾，目视点钞纸，准备开始点钞，如图 3-1 所示。

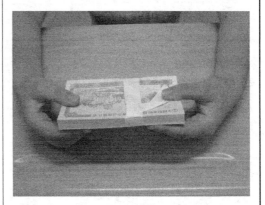

图 3-1

（2）右手按原动作放好，拇指用力下按，将点钞纸压成瓦状；左手向内翻转，左食指勾住捆钞纸，将其撕断或抹掉，如图 3-2 所示。

图 3-2

任务二　技法分解动作——指法动作分工

 任务描述

拆把后就是指法的动作分工了，这项任务至关重要，只有掌握了正确的指法才能越滑越顺手，越滑速度越快、准确率越高。

 任务分析

本项任务关键是左手扶钞的角度和力度，右手拇指的滑动角度，掌握好准确的指法是学习本指法的关键。

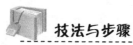

技法与步骤

（1）双手拿住点钞纸平放到桌面，右手拿住点钞纸，左手垂直压住点钞纸，并根据手的大小，选择压在点钞纸的中间偏左或偏右位置，一般压在中间的位置，如图3-3所示。

图3-3

（2）左手小指和无名指自然弯曲，左手中指压到无名指的指关节外侧并伸直，中指指肚触到点钞纸的中间外侧位置，如图3-4所示。

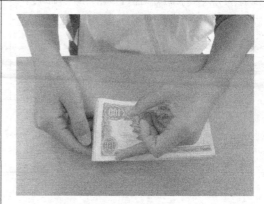

图3-4

（3）左手食指自然弯曲，左手拇指向上伸直，如图3-5所示。

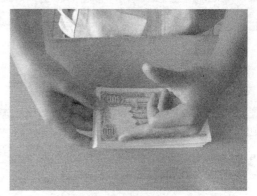

图3-5

（4）右手四指顺着左手中指的指向位置将点钞纸右端上翻，接触到左手食指的外侧面上，左手拇指扶住点钞纸右端的左上角，如图 3-6 所示。

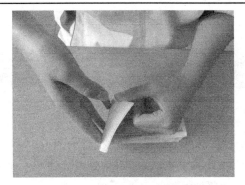

图 3-6

（5）左手小指、无名指和中指固定点钞纸的左端，左手食指和拇指配合扶住点钞纸的右端，并使点钞纸右端的钞面成自然的平行四边形，如图 3-7 所示。

图 3-7

（6）右手小指、无名指并拢，并稍微弯曲，右手中指指肚靠在点钞纸右端底部的右上角，如图 3-8 所示。

图 3-8

（7）右手食指自然搭在点钞纸上，右手拇指第一个关节前 1/3 与 2/3 的交界处（敏感点）放在点钞纸右端的左上角，准备滑钞，如图 3-9 所示。

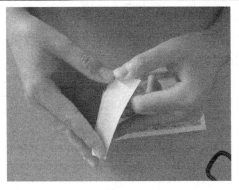

图 3-9

任务三　清点——逐张滑动点钞纸

 任务描述

指法动作掌握后，就是本单元的重点任务——清点，左手五指姿势固定后，关键是练习右手拇指滑钞的动作。

 任务分析

此任务在练习滑的动作时，右手拇指要轻滑快回位，逐渐加快节奏，提高频率，不要出现忽快忽慢的情况。

 技法与步骤

（1）左手拇指自然放在点钞纸的左上角，不要用力压，右手拇指向右方外侧滑开一张，并使滑开的那张靠外侧成瓦状，如图3-10所示。	 图3-10
（2）左手拇指继续微滑，当听见"啪"的弹钞声时，右手拇指迅速回到初始位置，继续滑动点钞纸，同时计数，如图3-11所示。	 图3-11

（3）在清点过程中，左手拇指和右手中指随点钞纸的减少逐渐匀速移动，如图3-12所示。

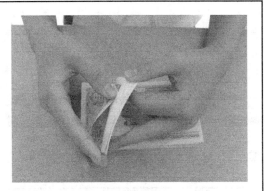

图 3-12

（4）当手按式单指单张点钞即将结束时，左手拇指将剩余几张（1～5 张）向右外侧轻捻开，并迅速用右手食指拉下去，加进总张数中，如图3-13所示。

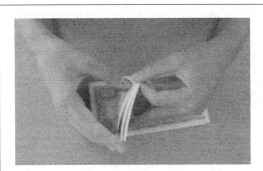

图 3-13

（5）点完后，两手迅速整理点过的点钞纸，双手一起横放、墩齐、收紧，如图3-14所示。

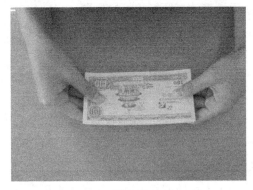

图 3-14

任务四 计数、扎把——整理、捆扎点钞纸

任务描述

在清点任务完成的同时进行计数任务，计数时采用分组记数：1、2、3、4、5、6、7、

8、9——1（10），1、2、3、4、5、6、7、8、9——2（20）直至 10 即（100），要求不要念出声。

 任务分析

此项任务的关键是默记数时的节奏与右手拇指滑的节奏要保持一致，做到脑、眼、手密切配合，既快又准，并要求扎把时动作连贯、流利。

 技法与步骤

（1）清点完后，左手拇指和其余四指捏住点钞纸并呈瓦状，右手食指伸开迅速与拇指和中指捏住桌子右上方放置的捆钞纸，如图 3-15 所示。	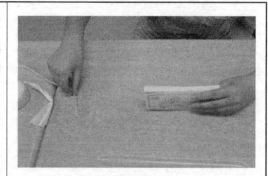 图 3-15
（2）用点钞纸后面的左手中指止住右手送过来的捆钞纸（捆的位置在点钞纸的中间），然后右手三指拉住捆钞纸自上往下转圈，如图 3-16 所示。	 图 3-16
（3）在转捆钞纸时，左手拇指用力下压，使点钞纸成瓦状。旋转两圈至点钞纸上侧面时，左手食指帮忙压住捆钞纸，如图 3-17 所示。	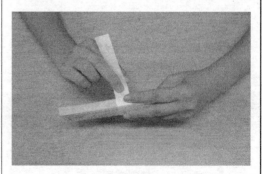 图 3-17

（4）右手拇指和食指将捆钞纸在所处的点钞纸的上边缘位置向右翻折，左手五指仍用力将点钞纸压成瓦状，如图 3-18 所示。

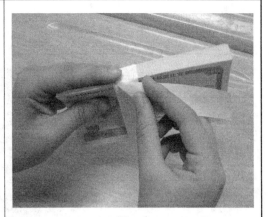

图 3-18

（5）右手中指将右手拇指和食指翻折的捆钞纸顺势从其底部送过来，左手拇指接住并收紧，如图 3-19 所示。

图 3-19

任务五　墩齐、盖章——记录点钞纸的张数

 任务描述

清点完后快速将脑中所计点钞纸的张数记在记录表中，然后右手迅速去取自己的印章，在捆钞纸的上侧面盖章。

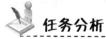 **任务分析**

此项任务的完成意味着用手按式单指单张点钞法点钞的完成，且要盖章以明确责任人。

技法与步骤

（1）左手拇指接住捆钞纸后，将凹面向下，迅速压平点钞纸，右手快速取笔，将数过的张数记在记录纸上，如图3-20所示。

图 3-20

（2）记录完后，右手拿起自己的印章，在点钞纸的上侧面盖章，完成这一把点钞纸的清点工作，如图3-21所示。

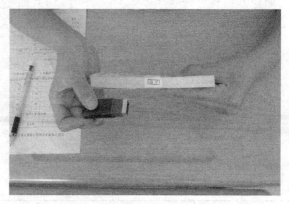

图 3-21

 **项目实训**

项目一　点钞实务——初练动作实训
（观摩光盘内容 5）

分小组练习，先把动作姿势练习好，并分别指导，然后学生相互观摩。

准备练习用具：秒表、点钞机、点钞纸 20 把。

（1）分小组初步练习点钞动作，老师观摩与指导有序进行。同桌间相互指出问题，并由老师巡回指导，如图 3-22 所示。

图 3-22

（2）在练习指法动作的同时，有针对地练习学生的心理素质，可以安排一组同学练习，另一组在周围观摩，给练习的同学一些压力，如图 3-23 所示。

图 3-23

（3）要求在练习指法动作过程中，从拆把—清点—计数—扎把—盖章的全过程按标准动作完成，动作放慢，指法必须准确无误，如图 3-24 所示。

图 3-24

点钞实务练习记录表（初练动作实训）

点法：手按式单指单张点钞法　　　　　　班级：　　　姓名：

序号	张数	时间（秒）	成绩	序号	张数	时间（秒）	成绩
1				21			
2				22			
3				23			
4				24			
5				25			
6				26			
7				27			
8				28			
9				29			
10				30			
11				31			
12				32			
13				33			
14				34			
15				35			
16				36			
17				37			
18				38			
19				39			
20				40			

点钞实务练习记录表（初练动作实训）

点法： 手按式单指单张点钞法　　　　　　班级：　　　姓名：

序号	张数	时间（秒）	成绩	序号	张数	时间（秒）	成绩
1				21			
2				22			
3				23			
4				24			
5				25			
6				26			
7				27			
8				28			
9				29			
10				30			
11				31			
12				32			
13				33			
14				34			
15				35			
16				36			
17				37			
18				38			
19				39			
20				40			

项目二 点钞实务——新旧混钞清点训练（观摩光盘内容6）

在收银过程中，经常会收到混在一起的、新旧不同的钞票，遇到这种情况，一般使用手持式单指单张点钞法和手按式单指单张点钞法。如何又快又准地点清张数，计算出金额，就要求加强这方面的训练。

（1）先将新旧钞票混在一起，然后按新旧两类进行分类排列，准备清点，如图 3-25 所示。	 图 3-25
（2）选择适当的方法进行清点，新的最好选用手按式单指单张点钞法，旧的最好选用手持式单指单张点钞法，如图 3-26 所示。	 图 3-26
（3）清点完毕后，扎把、计数、盖章。最后将清点的钱数累加即可，如图 3-27 所示。	 图 3-27

点钞实务测试记录表（新旧混钞清点训练）

点法： 手按式单指单张点钞法   班级：   姓名：

序号	张数	时间（秒）	成绩	序号	张数	时间（秒）	成绩
1				21			
2				22			
3				23			
4				24			
5				25			
6				26			
7				27			
8				28			
9				29			
10				30			
11				31			
12				32			
13				33			
14				34			
15				35			
16				36			
17				37			
18				38			
19				39			
20				40			

点钞实务测试记录表（新旧混钞清点训练）

点法：手按式单指单张点钞法　　　　　　　　班级：　　　　姓名：

序号	张数	时间（秒）	成绩	序号	张数	时间（秒）	成绩
1				21			
2				22			
3				23			
4				24			
5				25			
6				26			
7				27			
8				28			
9				29			
10				30			
11				31			
12				32			
13				33			
14				34			
15				35			
16				36			
17				37			
18				38			
19				39			
20				40			

项目三　点钞实务——快准训练
（观摩光盘内容 7）

准备快准训练用具：秒表、点钞机、调整好张数的点钞纸 20 把（对学生抽测用），学生互相抽张数时，控制在 0～5 张。

（1）快准训练不但要求点得快，而且要求准确。同桌间相互检测，并记录张数、时间和同桌的批示，如图 3-28 所示。	 图 3-28
（2）分组检测，对学生点过的点钞纸进行检查，核对准确率后，再打乱张数供下一组检测，如图 3-29 所示。	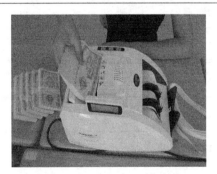 图 3-29
（3）要求在快准训练中，多练习准确率，同桌间每次抽取的张数要有变化，目的是在提高速度的同时关键看准确率，否则一切为零，如图 3-30 所示。	 图 3-30

点钞实务比赛记录表（快准训练）

点法：手按式单指单张点钞法　　　　　　班级：　　　姓名：

序号	张数	时间（秒）	成绩	序号	张数	时间（秒）	成绩
1				21			
2				22			
3				23			
4				24			
5				25			
6				26			
7				27			
8				28			
9				29			
10				30			
11				31			
12				32			
13				33			
14				34			
15				35			
16				36			
17				37			
18				38			
19				39			
20				40			

点钞实务比赛记录表（快准训练）

点法：手按式单指单张点钞法　　　　　　班级：　　　　姓名：

序号	张数	时间（秒）	成绩	序号	张数	时间（秒）	成绩
1				21			
2				22			
3				23			
4				24			
5				25			
6				26			
7				27			
8				28			
9				29			
10				30			
11				31			
12				32			
13				33			
14				34			
15				35			
16				36			
17				37			
18				38			
19				39			
20				40			

项目四　点钞实务——社团活动训练
（观摩光盘内容8）

　　在社团活动的训练中，参照全国中等职业学校会计技能大赛点钞比赛要求进行训练。每位成员20把调整好张数的点钞纸，互相抽取张数，限时3分钟，按大赛要求训练。

（1）社团活动，即点钞兴趣小组的训练，是在技法动作熟练的基础上，同桌间相互检测，并记录张数、时间和同桌批示的一项活动，如图3-31所示。	 图 3-31
（2）采取人机对抗赛、小组赛和一个人点另一个人站着看，并帮助计时等多种形式，不断促使学生平衡心理，提高点钞速度，如图3-32所示。	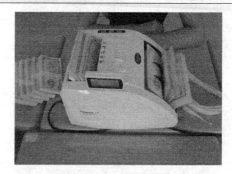 图 3-32
（3）在准备动作中听到"开始"口令后，要求完成拆把—清点—计数—扎把—盖章的全过程，并要仔细、缜密、快速进入点钞竞赛状态，如图3-33所示。	 图 3-33

全国中等职业学校会计技能大赛点钞比赛

成 绩 记 录 单

赛场号：

项目			座位号		准备把数		实点把数	
01		02		03	04		05	
06		07		08	09		10	
11		12		13	14		15	
16		17		18	19		20	

填写要求：凡正确把不用填写，错误把在相应的序号中写上错误张数

选手成绩评定（由裁判员填写）

点对把得分：__分

扣分情况（由裁判员填写）

1. 点错把　扣 10 分　__把=__分

2. 没有扎把或扎把不符合要求　扣 2 分　__把=__分

3. 甩把　扣 10 分　__把=__分

4. 跳把　扣 10 分　__把=__分

5. 抢点或超时点　扣 __ 分

6. 没有拆把　扣 1 分　__把=__分

7. 没有盖章　扣 1 分　__把=__分

累计扣 __ 分

成绩		裁判员签字	

全国中等职业学校会计技能大赛点钞比赛

成 绩 记 录 单

赛场号:

项目			座位号		准备把数		实点把数	
01		02		03		04		05
06		07		08		09		10
11		12		13		14		15
16		17		18		19		20

填写要求:凡正确把不用填写,错误把在相应的序号中写上错误张数

选手成绩评定(由裁判员填写)

点对把得分:__分

扣分情况(由裁判员填写)

1. 点错把 扣10分 __把=__分

2. 没有扎把或扎把不符合要求 扣2分 __把=__分

3. 甩把 扣10分 __把=__分

4. 跳把 扣10分 __把=__分

5. 抢点或超时点 扣 __ 分

6. 没有拆把 扣1分 __把=__分

7. 没有盖章 扣1分 __把= __分

累计扣 __ 分

成绩		裁判员签字	

项目实训中技法等级评价表
（手按式单指单张点钞法）

（一）等级说明表

等级	说明
1	能高质量完成学习目标，技法连贯、娴熟，能起示范作用
2	能较好完成学习目标，且技法连贯、无误
3	能圆满完成学习目标，完成动作的衔接

（二）评价说明表

点法	等级	3分钟张数	百张所用时间	评价
手按式单指单张点钞法	1	700张以上	22秒以内	优
	2	600～699	24秒以内	良
	3	500～599	26秒以内	合格

单元四
单指多张点钞法

单指多张点钞法是在熟练掌握单指单张点钞法后，在其基础上衍生出来的一种点钞方法，也是在日常工作和生活中最常用的方法之一。其使用范围较广，使用频率较高，适用于收款、付款和整点各种新旧、大小面额钞票。

这种点钞方法在指法动作上与单指单张点钞法基本一致，只是在清点时有些差别。此方法所持票面较小，由于每次下拉四张，不容易发现假钞票及残破钞票，因此这种点钞方法不利于识别钞票的真假、残损，这是此方法的一个缺点。

另外，每次清点时右手拇指内侧下捻四张，无须用无名指弹，因此清点起来有节奏，容易掌握，点四张计一个数，算准四的倍数，能节省时间，容易记准，也算是此方法的一个优点。

能力目标

通过动作示范和与单指单张点钞法的比较，让学生能够进行模仿练习，从慢动作开始熟悉每个指法动作，进而提高速度。

让学生学会自我评价和对技术能力的自我激励。同时，让学生学会举一反三，在钞票新旧、大小不同的情况下，熟练运用不同的点钞法。

任务一　持钞与拆把——准备动作

任务描述

此项任务是单指多张点钞法的开始动作，与单指单张点钞法相同，取过一把捆好的点钞纸，两手拿住点钞纸的两端并持平，直腰挺胸，双肘自然放在桌上，左手腕部和右手腕部抬起离开桌面。

任务分析

单指多张点钞法在拆把时，关键是左手拇指用力下压，将点钞纸压成瓦状，便于快速抹掉捆钞纸。

（1）左、右手拇指在点钞纸的两端上面，其余左、右手四指在两端的底部，两臂自然放在桌上，两脚自然分开，身体前倾，目视点钞纸，准备拆把，如图4-1所示。

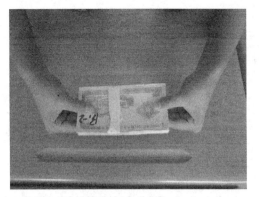

图 4-1

（2）左手按原动作放好，拇指用力下按，将点钞纸压成瓦状。

右手向内翻转，右食指勾住捆钞纸，将其撕断或抹掉，如图4-2所示。

图 4-2

任务二　技法分解动作——指法动作分工

 任务描述

拆把后就是指法的动作分工了，这项任务关键是左手熟练地直入点钞纸的左端并夹好，右手快速将点钞纸上翻，两手拇指用力将点钞纸侧面折成斜面。

 任务分析

任务关键是右手食指、中指贴在点钞纸的右侧面，用右手拇指指肚内侧均匀下拉点钞纸，把握好节奏，开始学习时不宜过快，应先熟练掌握指法。

 **技法与步骤**

（1）右手拿住点钞纸，左手拇指和无名指自然分开，将点钞纸快速放入其中，如图4-3所示。	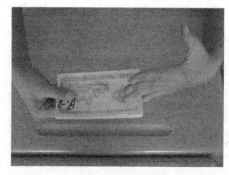 图4-3
（2）左手小指和无名指触到点钞纸后立刻自然弯曲并夹紧点钞纸的左端，如图4-4所示。	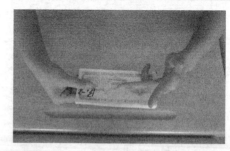 图4-4
（3）左手中指用力压到无名指的指关节外侧并伸直，中指指肚触到点钞纸的中间位置，如图4-5所示。	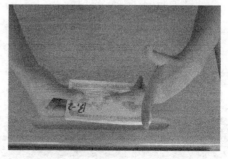 图4-5
（4）伸直左手食指并向前指，左手拇指向上伸直，与左手食指呈"八"字状打开，如图4-6所示。	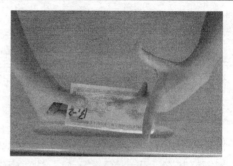 图4-6

（5）右手四指顺着左手中指的指向位置将点钞纸右端上翻，靠在左手食指的横向指面上，如图4-7所示。

图 4-7

（6）在接触到左手食指的横向手指上后，左手拇指压住点钞纸左部位置上方，如图4-8所示。

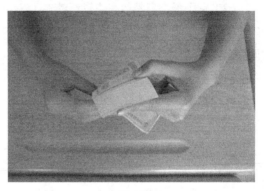

图 4-8

任务三 清点——四张捻送点钞纸

任务描述

两手指法动作弄清楚后，就要着手准备清点了，左手五指姿势固定不动，关键是练习右手拇指每次捻送四张点钞纸的动作。

任务分析

此任务在练习捻的动作时，右手拇指要压住点钞纸右上角，自上往下每次捻送四张，逐渐加快节奏，提高速度，保持频率，不要忽快忽慢。

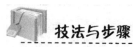

技法与步骤

（1）左手小指、无名指和中指控制点钞纸的下端，左手食指和拇指控制点钞纸的上端，右手拇指、食指和中指捏住点钞纸右角用力一掰后放开呈小扇面，如图4-9所示。

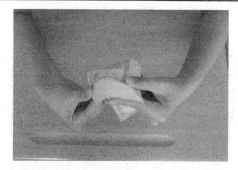

图4-9

（2）左手拇指自然放在点钞纸的左上角位置，不要用力压。右手拇指与贴在侧面的右手食指和中指一起均匀捻开四张点钞纸，如图4-10所示。

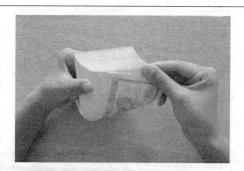

图4-10

（3）右手拇指捻开扇面后，左手拇指立刻压住第五张，右手拇指送走左手拇指未控制的那四张点钞纸后，继续下拉点钞纸，如图4-11所示。

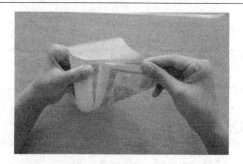

图4-11

（4）右手拇指连续捻送点钞纸，每次均匀捻送四张，随着点钞纸张数的减少，左手拇指要跟随后撤，配合右手动作，如图4-12所示。

图4-12

任务四　计数、扎把——整理点钞纸

任务描述

在清点过程的同时进行计数任务，计数时采用四倍组记数：1、2、3、4、5、6、7、8、9、10、11……直至 24 或 25，若余几张或缺几张可算出本把的具体张数，要求不要念出声。

任务分析

此项任务的关键是计数时的节奏与右手拇指捻送的节奏保持一致，做到脑、眼、手密切配合，快速算出总张数，并要求扎把时动作连贯、流利。

技法与步骤

（1）点完后，两手迅速整理点过的点钞纸，一起将点钞纸横放、墩齐、收紧，如图 4-13 所示。	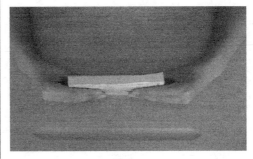 图 4-13
（2）左手拇指和其余四指捏住点钞纸并呈瓦状，右手食指伸开并迅速与拇指和中指捏住放在桌子右上方的捆钞纸，如图 4-14 所示。	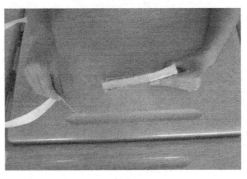 图 4-14

（3）在转捆钞纸时，左手拇指用力下压，使点钞纸成瓦状。旋转两圈至点钞纸上侧面时，左手食指帮忙压住捆钞纸，如图4-15所示。

图 4-15

（4）右手拇指和食指将捆钞纸在所处的点钞纸的上边缘位置向右翻折，左手五指仍用力将点钞纸压成瓦状，如图 4-16所示。

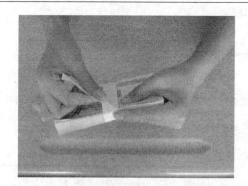

图 4-16

（5）右手中指将右手拇指和食指翻折的捆钞纸顺势从其底部送过来，左手五指仍用力将点钞纸压成瓦状，如图4-17所示。

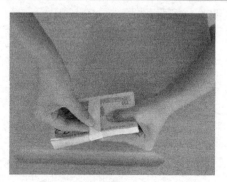

图 4-17

（6）左手拇指接住右手中指从空隙处送过来的捆钞纸，如图4-18所示。

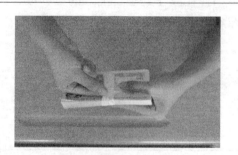

图 4-18

任务五　墩齐、盖章——记录点钞纸的张数

任务描述

清点完后快速将脑中所计点钞纸的张数记在记录表中，然后右手迅速去取自己的印章，在捆钞纸的上侧面盖章。

任务分析

此项任务的完成意味着用单指多张点钞法点钞的完成，不要忘记盖章。

技法与步骤

（1）左手拇指接住捆钞纸后，将凹面向下，迅速压平点钞纸，右手快速取笔，将数过的张数记在记录纸上，如图4-19所示。	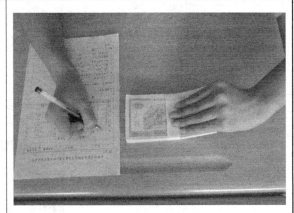 图 4-19
（2）记录完后，右手快速拿起自己的印章，在点钞纸的上侧面盖上印章，完成这一把点钞纸的清点工作，如图4-20所示。	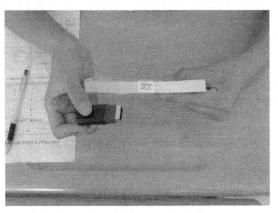 图 4-20

 项目实训

综合性训练

项目实训的方法与单指单张点钞法的相同（观摩光盘内容 9）。

（1）分初练动作实训、混钞清点、快准训练、社团活动四个项目，有序进行练习，并记录张数、时间和同桌的批示，如图 4-21 所示。

图 4-21

（2）要求从准备动作开始，在听到"开始"口令后，将拆把—清点—计数—扎把—盖章全过程完成，要仔细、缜密地进入工作状态，如图 4-22 所示。

图 4-22

附：

（1）三张日常训练记录表和一张参加技能大赛成绩记录单。

（2）准备训练用具：秒表、点钞机、捆钞纸、调整好张数的点钞纸 20 把（抽测准确率用）。

（3）社团活动时，同学间互相抽取张数控制在 0～5 张。

点钞实务练习记录表（初练动作实训）

点法：单指多张点钞法 　　　　　　　　　　班级：　　　　姓名：

序号	张数	时间（秒）	成绩	序号	张数	时间（秒）	成绩
1				21			
2				22			
3				23			
4				24			
5				25			
6				26			
7				27			
8				28			
9				29			
10				30			
11				31			
12				32			
13				33			
14				34			
15				35			
16				36			
17				37			
18				38			
19				39			
20				40			

点钞实务练习记录表（初练动作实训）

点法：单指多张点钞法　　　　　　　班级：　　　　姓名：

序号	张数	时间（秒）	成绩	序号	张数	时间（秒）	成绩
1				21			
2				22			
3				23			
4				24			
5				25			
6				26			
7				27			
8				28			
9				29			
10				30			
11				31			
12				32			
13				33			
14				34			
15				35			
16				36			
17				37			
18				38			
19				39			
20				40			

点钞实务测试记录表（混钞清点）

点法：单指多张点钞法　　　　　　　班级：　　　　姓名：

序号	张数	时间（秒）	成绩	序号	张数	时间（秒）	成绩
1				21			
2				22			
3				23			
4				24			
5				25			
6				26			
7				27			
8				28			
9				29			
10				30			
11				31			
12				32			
13				33			
14				34			
15				35			
16				36			
17				37			
18				38			
19				39			
20				40			

点钞实务测试记录表（混钞清点）

点法： 单指多张点钞法　　　　　　　　　班级：　　　　姓名：

序号	张数	时间（秒）	成绩	序号	张数	时间（秒）	成绩
1				21			
2				22			
3				23			
4				24			
5				25			
6				26			
7				27			
8				28			
9				29			
10				30			
11				31			
12				32			
13				33			
14				34			
15				35			
16				36			
17				37			
18				38			
19				39			
20				40			

点钞实务比赛记录表（快准练习）

点法：单指多张点钞法　　　　　　　　　　班级：　　　　姓名：

序号	张数	时间（秒）	成绩	序号	张数	时间（秒）	成绩
1				21			
2				22			
3				23			
4				24			
5				25			
6				26			
7				27			
8				28			
9				29			
10				30			
11				31			
12				32			
13				33			
14				34			
15				35			
16				36			
17				37			
18				38			
19				39			
20				40			

点钞实务比赛记录表（快准练习）

点法：单指多张点钞法　　　　　　班级：　　　姓名：

序号	张数	时间（秒）	成绩	序号	张数	时间（秒）	成绩
1				21			
2				22			
3				23			
4				24			
5				25			
6				26			
7				27			
8				28			
9				29			
10				30			
11				31			
12				32			
13				33			
14				34			
15				35			
16				36			
17				37			
18				38			
19				39			
20				40			

全国中等职业学校会计技能大赛点钞比赛

成 绩 记 录 单

赛场号：

项目		座位号		准备把数		实点把数	
01		02		03		04	05
06		07		08		09	10
11		12		13		14	15
16		17		18		19	20

填写要求：凡正确把不用填写，错误把在相应的序号中写上错误张数

选手成绩评定（由裁判员填写）

点对把得分：＿分

扣分情况（由裁判员填写）

1. 点错把　扣10分　＿把=＿分

2. 没有扎把或扎把不符合要求　扣　2分　＿把=＿分

3. 甩把　扣10分　＿把=＿分

4. 跳把　扣10分　＿把=＿分

5. 抢点或超时点　扣　＿分

6. 没有拆把　扣1分　＿把=＿分

7. 没有盖章　扣1分　＿把=＿分

累计扣　＿分

成绩		裁判员签字	

全国中等职业学校会计技能大赛点钞比赛

成 绩 记 录 单

赛场号：

项目		座位号		准备把数		实点把数	
01		02		03	04		05
06		07		08	09		10
11		12		13	14		15
16		17		18	19		20

填写要求：凡正确把不用填写，错误把在相应的序号中写上错误张数

选手成绩评定（由裁判员填写）

点对把得分：__分

扣分情况（由裁判员填写）

1. 点错把　扣10分　__把=__分

2. 没有扎把或扎把不符合要求　扣　2分　__把=__分

3. 甩把　扣10分　__把=__分

4. 跳把　扣10分　__把=__分

5. 抢点或超时点　扣　__　分

6. 没有拆把　扣1分　__把=__分

7. 没有盖章　扣1分　__把=__分

累计扣 __ 分

成绩		裁判员签字	

项目实训中技法等级评价表
（单指多张点钞法）

（一）等级说明表

等级	说明
1	能高质量完成学习目标，技法连贯、娴熟，能起示范作用
2	能较好完成学习目标，且技法连贯、无误
3	能圆满完成学习目标，完成动作的衔接

（二）评价说明表

点法	等级	3分钟张数	百张所用时间	评价
单指多张 点钞法	1	750张以上	20秒以内	优
	2	650～749	22秒以内	良
	3	550～649	24秒以内	合格

单元五
手持式多指多张点钞法

手持式多指多张点钞法是不同于单指单张点钞法的另外一种点钞方法，通常是在日常工作训练技能时使用的一种方法。

这种方法使用范围不大但很实用，适用于收款、付款和整点新的大小面额钞票。这种点钞方法在指法动作上和单指单张点钞法完全不同，左右手的指法也与前述方法有较大差别。此种方法两手所持票面较大，每次右手除拇指外的其他四指每指下捻一张，手指都要触到每张点钞纸，因此这种点钞方法有利于识别钞票的真假，也是其一个优点。

另外，清点时右手拇指与其余四指的配合有节奏感，容易掌握，点四张计一个数，比较省力，并节约时间，记忆准确。

能力目标

通过理论讲解和动作示范，让学生能够进行模仿练习，从慢动作开始熟悉每个动作，进而提高速度和准确率。

让学生学会自我评价以及促使学生的专业技能在各自的基础上得到进一步提高，并使学生养成严谨、细致、一丝不苟的职业素质。同时，让学生学会举一反三，熟练掌握不同的点钞法。

任务一　持钞与拆把——准备动作

任务描述

此项任务是手持式多指多张点钞法的开始动作，一般多采用抹掉法开把。取过一把捆好的点钞纸，两手拿住点钞纸的两端并持平，直腰挺胸，双脚分开，全身放松，双肘自然放在桌上，左手腕部和右手腕部抬起并抹掉捆钞纸。

任务分析

持钞动作简单易学，关键是拆把，这要采用抹掉法。首先将点钞纸用右手拇指压住中间形成瓦状，然后用左手五指将捆钞纸抹掉。

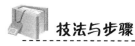
（1）左、右手拇指在点钞纸的两端上面，其余左、右手四指在两端的底部，两臂自然放在桌上，两脚自然分开，身体前倾，目视点钞纸，准备开始点钞，如图 5-1 所示。

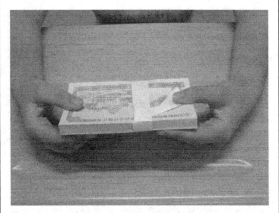

图 5-1

（2）右手按原动作放好，拇指下按，将点钞纸压成瓦状。左手向内翻转，拇指和其余四指扣住捆钞纸将其抹掉，如图 5-2 所示。

图 5-2

任务二　技法分解动作——指法动作分工

 任务描述

手持式多指多张点钞法的动作分工很详细，也很复杂，左右手的指法都很重要，只有掌握规范的指法才能越点越顺手，越点速度越快、准确率越高。

 任务分析

本项任务关键是左手的持钞和右手拇指与其余四指的捻划，速度越快越能达到一种艺术性的效果。

技法与步骤

（1）将右端点钞纸向前旋转 45°，左手无名指和小指放在点钞纸底部，与上面的中指、食指、拇指一起夹住点钞纸左端，如图 5-3 所示。

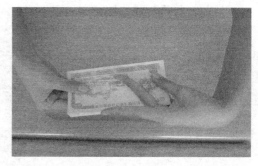

图 5-3

（2）左手食指伸开勾住点钞纸的顶端侧面，将点钞纸向上弯起并形成坡面，如图 5-4 所示。

图 5-4

（3）左手食指不动，右手上翻后，左手拇指快速扣住点钞纸右端底面顶部，但不要过紧，如图 5-5 所示。

图 5-5

（4）左手五指到位后将整把点钞纸呈平 U 形握住，右手拇指放在点钞纸的下面侧斜面，等小指先捻划，如图 5-6 所示。

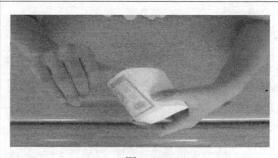

图 5-6

任务三　清点——捻划四张点钞纸

任务描述

各指法动作明白后，进行清点。左手五指姿势固定后，关键是练习右手拇指和小指、无名指、中指、食指每次各捻划一张的动作。

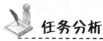
任务分析

此任务在练习捻的动作时，右手拇指要扶住点钞纸上端内侧下面，自上向下四指每次各捻划一张，逐渐加快节奏，保持频率，匀速进行。

技法与步骤

（1）右手拇指放好后，右手小指随手腕的内旋找到拇指处捻划第一张，如图 5-7 所示。	图 5-7
（2）右手小指捻划第一张离开 1cm 后不动，右手无名指紧接着到拇指处捻划第二张，如图 5-8 所示。	图 5-8

（3）右手无名指到拇指处捻划第二张离开 1cm 后不动，右手中指到拇指处捻划第三张。如图 5-9 所示。	 图 5-9
（4）右手中指到拇指处捻划第三张离开 1cm 后不动，右手食指到拇指处捻划第四张，如图 5-10 所示。	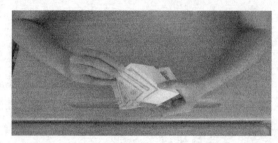 图 5-10
（5）待右手小指、无名指、中指、食指并拢依次各捻划一张在指尖上控制后，一齐划下完成一轮四张的清点，同时左手拇指随着点钞纸的减少而慢慢后撤，如图 5-11 所示。	 图 5-11

任务四　计数、扎把——整理点钞纸

 任务描述

在清点过程的同时进行计数任务，计数时采用四倍组记数：1、2、3、4、5、6、7、8、9、10、11……直至 24 或 25，若余几张或缺几张可算出本把的具体张数，要求不要念出声。

 任务分析

此项任务的关键是计数时的节奏与右手拇指与其他四指捻划的节奏保持一致，做到脑、眼、手密切配合，快速算出总张数，并要求在扎把时动作连贯、流利。

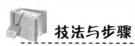 **技法与步骤**

（1）点完后，两手迅速整理点过的点钞纸，一起横放、墩齐、收紧，如图 5-12 所示。

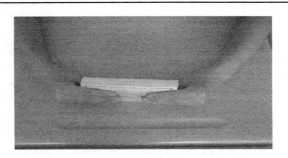

图 5-12

（2）左手拇指和其余四指捏住点钞纸并呈瓦状，右手食指伸开并迅速与拇指和中指捏住放在桌子右上方的捆钞纸，如图 5-13 所示。

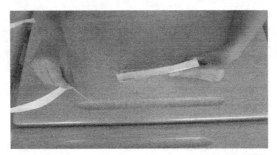

图 5-13

（3）用点钞纸后面的左手中指止住右手送过来的捆钞纸（捆的位置在点钞纸的中间），然后右手三指拉住捆钞纸自上往下转圈，如图 5-14 所示。

图 5-14

（4）右手拇指和食指将捆钞纸在所处的点钞纸的上边缘位置向右翻折，左手五指仍用力将点钞纸压成瓦状，如图 5-15 所示。

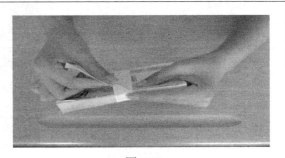

图 5-15

（5）右手食指将右手拇指和中指翻折的捆钞纸顺势从其底部送过来，左手拇指接住并收紧，如图 5-16 所示。

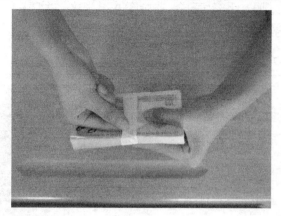

图 5-16

任务五　墩齐、盖章——记录点钞纸的张数

 任务描述

清点完后快速将脑中所计的点钞纸张数记在记录表中，然后右手迅速取捆钞纸，将点过的点钞纸扎把并盖章。

 任务分析

此项任务的完成意味着用手持式多指多张点钞法点钞的完成，且要盖章以明确责任人。

 技法与步骤

（1）左手拇指接住捆钞纸后，将凹面向下迅速压平点钞纸，右手快速取笔，将数过的张数记在记录纸上，如图 5-17 所示。

图 5-17

（2）右手记录完后迅速拿起自己的印章在点钞纸的上侧面盖上印章，完成这一把点钞纸的清点工作，如图5-18所示。

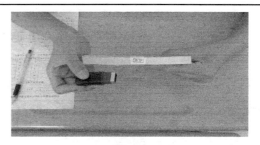

图 5-18

项目实训

项目一　点钞实务——初练动作实训
（观摩光盘内容 10）

分小组练习，先把动作姿势练习好，并分别指导，然后学生相互观摩。

准备练习用具：秒表、点钞机、点钞纸 20 把。

（1）分小组初步练习点钞动作，观摩与指导有序进行。同桌间相互指出问题，并由老师巡回指导，如图5-19所示。

图 5-19

（2）在练习指法动作的同时，有针对地练习学生的心理素质，可以安排一组同学练习，另一组同学在周围观摩，给练习的同学一些压力，如图5-20所示。

图 5-20

点钞实务练习记录表（初练动作实训）

点法：手持式多指多张点钞法　　　　　　　　班级：　　　姓名：

序号	张数	时间（秒）	成绩	序号	张数	时间（秒）	成绩
1				21			
2				22			
3				23			
4				24			
5				25			
6				26			
7				27			
8				28			
9				29			
10				30			
11				31			
12				32			
13				33			
14				34			
15				35			
16				36			
17				37			
18				38			
19				39			
20				40			

点钞实务练习记录表（初练动作实训）

点法： 手持式多指多张点钞法　　　　　　班级：　　　　姓名：

序号	张数	时间（秒）	成绩	序号	张数	时间（秒）	成绩
1				21			
2				22			
3				23			
4				24			
5				25			
6				26			
7				27			
8				28			
9				29			
10				30			
11				31			
12				32			
13				33			
14				34			
15				35			
16				36			
17				37			
18				38			
19				39			
20				40			

单元五　手持式多指多张点钞法

项目二　点钞实务——提速清点训练
（观摩光盘内容 11）

准备提速训练，老师统一喊口令："预备，开始。"当大部分同学点完后，喊："9、8、7、6、5、4、3、2、1，停。"不断对同学进行激励，展开竞争，使同学的点钞速度得到提升。

（1）提速清点的练习是在技法动作熟练的基础上，同桌间相互检测，并记录张数、时间和同桌的批示，如图 5-21 所示。	 图 5-21
（2）采取人机对抗赛、小组赛和一个人点另一个人站着看，并帮助计时等多种形式，不断促使学生平衡心理，提高点钞速度，如图 5-22 所示。	 图 5-22
（3）在准备动作中听到"开始"口令后，要求完成拆把—清点—计数—扎把—盖章的全过程，并要仔细、缜密、快速进入点钞状态，如图 5-23 所示。	 图 5-23

点钞实务测试记录表（提速清点训练）

点法： 手持式多指多张点钞法　　　　　班级：　　　姓名：

序号	张数	时间（秒）	成绩	序号	张数	时间（秒）	成绩
1				21			
2				22			
3				23			
4				24			
5				25			
6				26			
7				27			
8				28			
9				29			
10				30			
11				31			
12				32			
13				33			
14				34			
15				35			
16				36			
17				37			
18				38			
19				39			
20				40			

点钞实务测试记录表（提速清点训练）

点法：手持式多指多张点钞法 　　　　　　　班级：　　　　姓名：

序号	张数	时间（秒）	成绩	序号	张数	时间（秒）	成绩
1				21			
2				22			
3				23			
4				24			
5				25			
6				26			
7				27			
8				28			
9				29			
10				30			
11				31			
12				32			
13				33			
14				34			
15				35			
16				36			
17				37			
18				38			
19				39			
20				40			

项目三 点钞实务——快准训练
（观摩光盘内容 12）

准备快准训练用具：秒表、点钞机、调整好张数的点钞纸 20 把（对学生抽测用），学生互相抽张数时，控制在 0～5 张。

（1）快准训练不但要求点得快，而且要求准确率。同桌间相互检测，并记录张数、时间和同桌的批示，如图 5-24 所示。	 图 5-24
（2）分组检测，对学生点过的点钞纸进行检查，核对准确率后，再打乱张数供下一组检测，如图 5-25 所示。	 图 5-25
（3）要求在快准训练中，多练习准确率，同桌间每次抽取的张数要有变化，目的是在提高速度的同时关键看准确率，否则一切为零，如图 5-26 所示。	 图 5-26

点钞实务比赛记录表（快准训练）

点法：手持式多指多张点钞法　　　　　　　班级：　　　　姓名：

序号	张数	时间（秒）	成绩	序号	张数	时间（秒）	成绩
1				21			
2				22			
3				23			
4				24			
5				25			
6				26			
7				27			
8				28			
9				29			
10				30			
11				31			
12				32			
13				33			
14				34			
15				35			
16				36			
17				37			
18				38			
19				39			
20				40			

点钞实务比赛记录表（快准训练）

点法：手持式多指多张点钞法　　　　　　　班级：　　　　姓名：

序号	张数	时间（秒）	成绩	序号	张数	时间（秒）	成绩
1				21			
2				22			
3				23			
4				24			
5				25			
6				26			
7				27			
8				28			
9				29			
10				30			
11				31			
12				32			
13				33			
14				34			
15				35			
16				36			
17				37			
18				38			
19				39			
20				40			

项目四 点钞实务——社团活动训练
（观摩光盘内容 13）

在社团活动的训练中，参照全国中等职业学校会计技能大赛点钞比赛的要求进行训练。每位成员 20 把调整好张数的点钞纸，互相抽取张数，限时 3 分钟，按大赛要求训练。

（1）社团活动，即点钞兴趣小组的训练，是在技法动作熟练的基础上，同桌间相互检测，并记录张数、时间和同桌批示的一项活动，如图 5-27 所示。

图 5-27

（2）采取人机对抗赛、小组赛和一个人点另一个人站着看，并帮助计时等多种形式，不断促使学生平衡心理，提高点钞速度，如图 5-28 所示。

图 5-28

（3）在准备动作中听到"开始"口令后，要求完成拆把—清点—计数—扎把—盖章的全过程，并要仔细、缜密、快速进入点钞竞赛状态，如图 5-29 所示。

图 5-29

全国中等职业学校会计技能大赛点钞比赛

成 绩 记 录 单

赛场号：

项目			座位号		准备把数		实点把数	
01		02		03		04		05
06		07		08		09		10
11		12		13		14		15
16		17		18		19		20
填写要求：凡正确把不用填写，错误把在相应的序号中写上错误张数								
选手成绩评定（由裁判员填写）								
点对把得分：__分								
扣分情况（由裁判员填写）								
1. 点错把　扣10分　__把=__分								
2. 没有扎把或扎把不符合要求　扣2分　__把=__分								
3. 甩把扣10分　__把=__分								
4. 跳把扣10分　__把=__分								
5. 抢点或超时点　扣 __ 分								
6. 没有拆把　扣1分　__把=__分								
7. 没有盖章　扣1分　__把=__分								
累计扣 __ 分								
成绩				裁判员签字				

单元五　手持式多指多张点钞法

全国中等职业学校会计技能大赛点钞比赛

成 绩 记 录 单

赛场号:

项目		座位号		准备把数		实点把数	
01		02		03		04	05
06		07		08		09	10
11		12		13		14	15
16		17		18		19	20

填写要求:凡正确把不用填写,错误把在相应的序号中写上错误张数

选手成绩评定(由裁判员填写)

点对把得分:__分

扣分情况(由裁判员填写)

1. 点错把　扣10分　__把=__分

2. 没有扎把或扎把不符合要求　扣2分　__把=__分

3. 甩把　扣10分　__把=__分

4. 跳把　扣10分　__把=__分

5. 抢点或超时点　扣　__　分

6. 没有拆把　扣1分　__把=__分

7. 没有盖章　扣1分　__把=__分

累计扣　__　分

成绩		裁判员签字	

项目实训中技法等级评价表
（手持式多指多张点钞法）

（一）等级说明表

等级	说明
1	能高质量完成学习目标，技法连贯、娴熟，能起示范作用
2	能较好完成学习目标，且技法连贯、无误
3	能圆满完成学习目标，完成动作的衔接

（二）评价说明表

点法	等级	3分钟张数	百张所用时间	评价
手持式多指多张点钞法	1	1 000 张以上	16 秒以内	优
	2	900～999	20 秒以内	良
	3	700～899	22 秒以内	合格

单元六
手按式多指多张点钞法

手按式多指多张点钞法与手持式多指多张点钞法的不同，在于点钞纸不是在手里持着，而是将左手手掌在点钞纸的左端压在桌面上后，右手拇指将点钞纸的右下角推卷，依次和无名指、中指、食指捻起一张点钞纸，左手拇指与食指招接点过的点钞纸，不仅是动作的变化，更是点法和计数的不同，无论新旧币还是大小币皆适合这种点法，是在日常工作中普遍使用的一种方法。

这种点钞方法在指法动作上跟手持式多指多张点钞法完全不一致，左右手的指法也与前述方法有较大差别。两手持票面不大，每次右手拇指依次和无名指、中指、食指每指捻拉一张，容易发现假钞票及残破钞票，因此这种点钞方法有利于识别钞票的真假、残损。

在清点时，右手拇指依次和无名指、中指、食指每指捻拉一张，每次三张，因此清点起来有节奏感，容易掌握，点三张计一个数，比较省力，不容易点错。

能力目标

通过理论讲解、多媒体的动作演示和老师的指导，让学生能够进行模仿练习，从慢动作开始熟悉每个技法，进而保证该把的准确率。

安排学生分小组练习，相互学习，互相评价，促使学生的点钞技能得到进一步提高。

任务一　持钞与拆把——准备动作

任务描述

手按式多指多张点钞法的开始动作：取过一把捆好的点钞纸平放在桌面上，两手掌竖压在点钞纸的两端，右手撕断捆钞纸，身体侧弯前倾，双肘自然放在桌上，左手腕部接触桌面，手掌压住点钞纸的左端，右手腕部抬起。

任务分析

按钞动作以左手手掌部用力，五指伸开接右手送来的点钞纸，使用的拆把方法是撕断法。

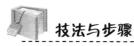
技法与步骤

（1）左、右手手掌在点钞纸的两端上面，五指向前在两端，两臂自然放在桌上。身体前倾目视点钞纸，准备开始拆把，如图6-1所示。	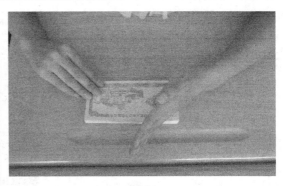 图6-1
（2）左手按原动作放好，右手食指向左伸出勾住捆钞纸左侧，将捆钞纸从中间撕断。右手拇指自然放在点钞纸的右下角侧面上，如图6-2所示。	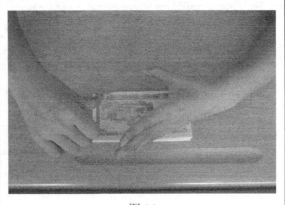 图6-2

任务二　技法分解动作——指法用途

 任务描述

拆把后，右手拇指就势从点钞纸的右下角卷起一层点钞纸，等待右手的无名指、中指和食指依次粘拉卷起的点钞纸。然后，左手拇指将点过的点钞纸招给左手食指挡住。要求指法规范，形成节奏，确保速度越快、准确率越高。

 任务分析

手按式多指多张点钞法关键是右手拇指和无名指、中指、食指之间的捻、插练习，以及与左手拇指和食指的接、挡配合，准确率一般较高。

 **技法与步骤**

（1）左手手掌压在点钞纸的左上端处，右手拇指推卷点钞纸的右下角，无名指横放并捻拉一张点钞纸在指上不动，如图6-3所示。	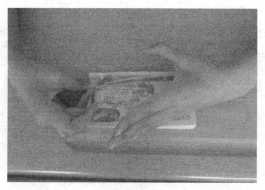 图 6-3
（2）左手按原动作放好，紧接着右手中指指向左伸出放入第一张拉开的空隙中捻拉第二张，也放在手指上不动，如图6-4所示。	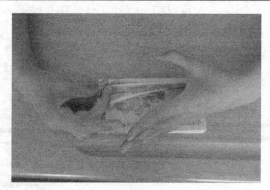 图 6-4

任务三 清点——右手三指捻拉点钞纸

 任务描述

完成各个指头的指法动作任务后，就要开始清点任务了。左手手掌压住点钞纸左上端后，关键是练习右手无名指、中指、食指每次捻拉各一张的动作。捻拉完三张就由左手拇指招给左手食指挡住，依此类推，直至点完。

 任务分析

此任务在练习捻拉的动作时右手拇指要推卷起点钞纸右下角，然后无名指、中指、食指依次捻拉一张，逐渐加快节奏，提高速度，不要忽快忽慢。

（1）在技法分解动作中，无名指和中指已分别捻拉各一张等待着食指同样的动作，捻拉起第三张点钞纸，如图 6-5 所示。

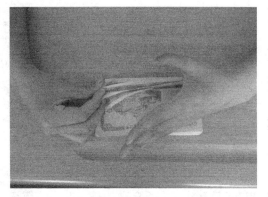

图 6-5

（2）左手拇指将右手捻拉完的点钞纸迅速招住，送给等待的左手食指，食指将拇指送来的点过的点钞纸挡住，如图 6-6 所示。

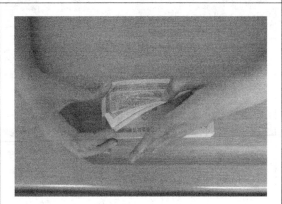

图 6-6

任务四　扎把、计数——整理点钞纸

 任务描述

在清点过程的同时进行计数，计数时采用分组记数：每组捻拉三张，33 次余一张即本把清点结束。

 任务分析

此项任务的关键是左手拇指、食指的招挡节奏跟右手拇指与无名指、中指、食指拉捻的节奏保持一致，做到脑、眼、手密切配合，且要快速算出总张数。

 **技法与步骤**

（1）点完后面的部分后两手迅速整理点过的点钞纸，双手一起横放、墩齐、收紧，如图6-7所示。

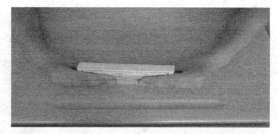

图 6-7

（2）左手拇指和其余四指捏住点钞纸呈瓦状，右手食指伸开，迅速与拇指和中指捏住桌子右上方放置的捆钞纸，如图6-8所示。

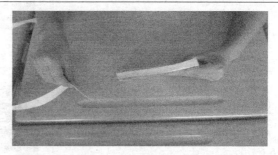

图 6-8

（3）用左手后面的中指止住右手送过来的捆钞纸（捆的位置在点钞纸的中间），然后右手三个指头拉住捆钞纸自上往下转圈，如图6-9所示。

图 6-9

（4）在转捆钞纸时，左手拇指用力下压，使点钞纸成瓦状。旋转两圈至点钞纸上侧面时，左手食指帮忙压住捆钞纸，如图6-10所示。

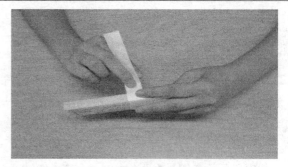

图 6-10

| （5）右手拇指和食指在捆钞纸所处的点钞纸的上边缘位置向右翻折，左手五指仍用力将点钞纸压成瓦状，如图 6-11 所示。 | 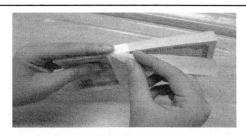
图 6-11 |
| （6）右手中指顺着右手拇指和食指翻折的捆钞纸顺势从底部送过来，左手拇指接住收紧，如图 6-12 所示。 | 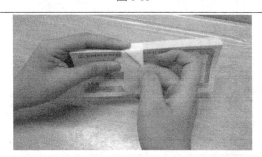
图 6-12 |

任务五　墩齐、盖章——记录点钞纸的张数

 任务描述

清点完后快速将脑中计算的张数记在记录表中，然后右手去取自己的印章，在捆钞纸的上侧面盖章。

 任务分析

此项任务的完成意味着这把点钞纸用手按式多指多张点钞法的完成，要求在扎把时动作连贯、流利，且要盖章以明确责任人。

 技法与步骤

| （1）左手拇指接住后将凹面向下迅速压平点钞纸，右手快速取笔，将数过的张数记在记录纸上，如图 6-13 所示。 | 
图 6-13 |

（2）右手记录完后迅速拿起自己的印章在点钞纸的上侧面盖上印章，完成一把的清点，如图 6-14 所示。

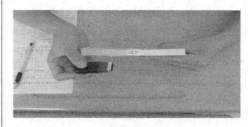

图 6-14

项目实训　综合性训练（观摩光盘内容 14）

分组进行对手按式多指多张点钞法的综合练习，并记录上张数、时间和同位的批示。

（1）分初练动作、提速清点、快准训练三步有序进行练习，并记录张数、时间和同桌的批示（成绩），如图 6-15 所示。

图 6-15

（2）在准备动作过程中，听到"开始"口令后，要求完成拆把—清点—计数—扎把—盖章的全过程，要仔细、缜密地进入工作状态，如图 6-16 所示。

图 6-16

附：

1. 四张记录表：（动作练习）（混钞清点）（快准训练）（社团活动）。

2. 准备训练：秒表、调整好张数的点钞纸 20 把（抽测用）。

3. 学生互相抽张数时，控制在 0～5 张。

点钞实务练习记录表（动作练习实训）

点法： 手按式多指多张点钞法　　　　　　　班级：　　　　姓名：

序号	张数	时间（秒）	成绩	序号	张数	时间（秒）	成绩
1				21			
2				22			
3				23			
4				24			
5				25			
6				26			
7				27			
8				28			
9				29			
10				30			
11				31			
12				32			
13				33			
14				34			
15				35			
16				36			
17				37			
18				38			
19				39			
20				40			

点钞实务练习记录表（动作练习实训）

点法：手按式多指多张点钞法　　　　　　　班级：　　　姓名：

序号	张数	时间（秒）	成绩	序号	张数	时间（秒）	成绩
1				21			
2				22			
3				23			
4				24			
5				25			
6				26			
7				27			
8				28			
9				29			
10				30			
11				31			
12				32			
13				33			
14				34			
15				35			
16				36			
17				37			
18				38			
19				39			
20				40			

点钞实务测试记录表（混钞清点实训）

点法： 手按式多指多张点钞法　　　　　　班级：　　　姓名：

序号	张数	时间（秒）	成绩	序号	张数	时间（秒）	成绩
1				21			
2				22			
3				23			
4				24			
5				25			
6				26			
7				27			
8				28			
9				29			
10				30			
11				31			
12				32			
13				33			
14				34			
15				35			
16				36			
17				37			
18				38			
19				39			
20				40			

点钞实务测试记录表（混钞清点实训）

点法： 手按式多指多张点钞法   班级：   姓名：

序号	张数	时间（秒）	成绩	序号	张数	时间（秒）	成绩
1				21			
2				22			
3				23			
4				24			
5				25			
6				26			
7				27			
8				28			
9				29			
10				30			
11				31			
12				32			
13				33			
14				34			
15				35			
16				36			
17				37			
18				38			
19				39			
20				40			

点钞实务比赛记录表（快准练习实训）

点法： 手按式多指多张点钞法　　　　　　　班级：　　　姓名：

序号	张数	时间（秒）	成绩	序号	张数	时间（秒）	成绩
1				21			
2				22			
3				23			
4				24			
5				25			
6				26			
7				27			
8				28			
9				29			
10				30			
11				31			
12				32			
13				33			
14				34			
15				35			
16				36			
17				37			
18				38			
19				39			
20				40			

点钞实务比赛记录表（快准练习实训）

点法：手按式多指多张点钞法　　　　　　　班级：　　　　姓名：

序号	张数	时间（秒）	成绩	序号	张数	时间（秒）	成绩
1				21			
2				22			
3				23			
4				24			
5				25			
6				26			
7				27			
8				28			
9				29			
10				30			
11				31			
12				32			
13				33			
14				34			
15				35			
16				36			
17				37			
18				38			
19				39			
20				40			

全国中等职业学校会计技能大赛点钞比赛

成 绩 记 录 单

赛场号:

项目		座位号		准备把数		实点把数	
01		02		03		04	05
06		07		08		09	10
11		12		13		14	15
16		17		18		19	20

填写要求:凡正确把不用填写,错误把在相应的序号中写上错误张数

选手成绩评定(由裁判员填写)

点对把得分:__分

扣分情况(由裁判员填写)

1. 点错把 扣10分 __把=__分

2. 没有扎把或扎把不符合要求 扣2分 __把=__分

3. 甩把 扣10分 __把=__分

4. 跳把 扣10分 __把=__分

5. 抢点或超时点 扣 __ 分

6. 没有拆把 扣1分 __把=__分

7. 没有盖章 扣1分 __把=__分

累计扣 __ 分

成绩		裁判员签字	

全国中等职业学校会计技能大赛点钞比赛

成 绩 记 录 单

赛场号：

项目		座位号		准备把数		实点把数	
01		02		03		04	05
06		07		08		09	10
11		12		13		14	15
16		17		18		19	20

填写要求：凡正确把不用填写，错误把在相应的序号中写上错误张数
选手成绩评定（由裁判员填写）
点对把得分：__分
扣分情况（由裁判员填写）
1. 点错把　扣10分　__把=__分
2. 没有扎把或扎把不符合要求　扣2分　__把=__分
3. 甩把　扣10分　__把=__分
4. 跳把　扣10分　__把=__分
5. 抢点或超时点　扣 __ 分
6. 没有拆把　扣1分　__把=__分
7. 没有盖章　扣1分　__把=__分
累计扣 __ 分

成绩		裁判员签字	

项目实训中技法等级评价表
（手按式多指多张点钞法）

（一）等级说明表

等级	说明
1	能高质量完成学习目标，技法连贯、娴熟，能起示范作用
2	能较好完成学习目标，且技法连贯、无误
3	能圆满完成学习目标，完成动作的衔接

（二）评价说明表

点法	等级	3分钟张数	百张所用时间	评价
多指多张点钞法	1	900张以上	18秒以内	优
	2	800～899	20秒以内	良
	3	700～799	24秒以内	合格

单元七
扇面点钞法

扇面点钞法是把钞票捻成扇面形状进行清点的方法，这种点钞方法速度快、准确率高，是手工点钞中效率最高的一种。但是，它只适合清点新钞票，不适合清点新、旧、破及混合钞票。这种方法的关键在于打开扇面，打开时左、右手十个手指各有分工，并要合作与协调，要求开扇动作快，拿、捻、抖三个动作一气呵成，达到一次开扇成功，其中关键注意两手协调配合；扇面不宜开得过大，要便于清点。点钞时，左手将扇面持平，随着右手点数的速度腕部稍向右转，眼睛紧盯右手拇指下压处，每次下压五张，右手食指分开，右手拇指、食指交替前进，右手中指、无名指和小指扣在点钞纸的背面，直至点完捆好。

扇面点钞法在指法动作上与单指单张、多指单张点法完全不同，左右手的指法也与前述方法有较大差别。每次清点五张，不容易发现假钞票及残破钞票，因此这种点钞方法不利于识别钞票的真假、残损。

能力目标

通过理论讲解和动作示范，让学生先进行开扇练习，从慢动作开始熟悉每个打开动作，最后掌握右手的点法。

让每位学生养成严谨、细致、一丝不苟的职业素质。同时，让学生学会举一反三，熟练掌握不同的点钞法。

任务一　持钞与拆把——准备动作

 任务描述

扇面点钞法的开始动作：取过一把捆好的点钞纸，双手持钞以 45° 角放在身前，左手掌竖着拿在点钞纸的底端，右手握住捆钞纸向右斜上方将其抹掉，身体侧弯前倾，双肘离开桌面并悬空，呈自然状态。

 任务分析

拆把后，持钞动作以左手手掌为支撑，右手拇指在点钞纸前面，其余四指在点钞纸背面并压在左手四指指尖处。

 **技法与步骤**

（1）双手持钞以 45° 角放在身前，左手掌竖着拿在点钞纸的底端，右手握住捆钞纸，身体侧弯前倾，双肘离开桌面并悬空，呈自然状态，如图 7-1 所示。	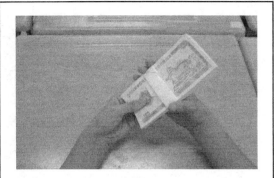 图 7-1
（2）左手按原动作拿好点钞纸，右手拇指和其余四指握住捆钞纸，将捆钞纸从中间向右斜上方抹掉，如图 7-2 所示。	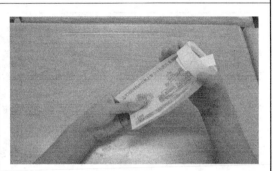 图 7-2

任务二 技法分解动作——指法动作任务分工

 任务描述

　　开扇时，以持钞的左手拇指为轴，握住轴中心，右手虎口卡住钞票右侧，拇指在前，其他四指在钞票后面成瓦状，手腕稍用力把钞票压弯，从右侧向左侧稍微用力往胸前方向转并向外甩动。

 任务分析

　　扇面点钞法的关键指法是右手拇指和其余四指要从右向左捻动，左手拧右手甩，同时进行，扇面打开得要均匀，不重叠。

单元七 扇面点钞法

技法与步骤

（1）以持钞的左手拇指与食指为轴，握住轴中心，右手拇指在前离开点钞纸，其余四指在后，四指指端贴在点钞纸的背面，如图7-3所示。

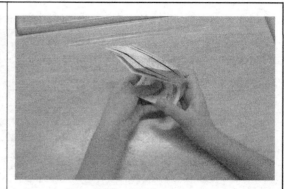

图7-3

（2）左手仍以拇指与食指为轴，捏紧点钞纸，右手食指、中指、无名指、小指一起向右微微用力，将点钞纸压弯，如图7-4所示。

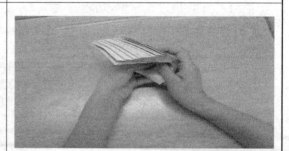

图7-4

（3）右手四指压弯点钞纸后，右手拇指立刻下压并用力，形成轴心，接着左手拇指和食指顺势上扭，如图7-5所示。

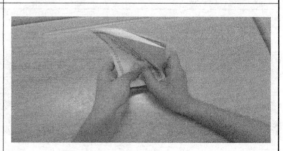

图7-5

（4）左手拇指和食指向上扭动后，左手拇指离开点钞纸，同时右手食指带着其他三指顺势再压弯点钞纸，如图7-6所示。

图7-6

（5）右手拇指不动，食指、中指、无名指将点钞纸压弯后，左手拇指离开点钞纸，如图7-7所示。	 图 7-7
（6）右手拇指和其他四指将点钞纸压弯后，左手拇指上移下压，两手共同将点钞纸抻平，如图7-8所示。	 图 7-8
（7）重复上述动作，直至将点钞纸完全打开，呈扇面，如图7-9所示。	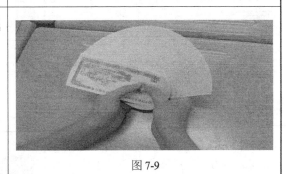 图 7-9

任务三　清点——右手拇指与食指交替按压点钞纸

 任务描述

清点时，左手持扇面，右手中指、无名指、小指托住钞票背面，拇指在钞票右上角 1cm 处，依次按下五张，按下后用右手食指挡住，然后拇指继续按下第二个五张。

 任务分析

此任务在右手按压前行的同时，左手应随右手点数速度向内转动扇面，以配合右手动作，直到点完为止。

技法与步骤

（1）左手持钞，右手拇指在扇面外沿 1cm 处下压五张点钞纸，右手其他四指在背面靠紧点钞纸，如图 7-10 所示。	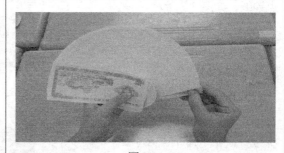 图 7-10
（2）右手拇指在扇面外沿下压五张后，右手食指立刻跟进插入，其余三指在背面捏住点过的点钞纸，如图 7-11 所示。	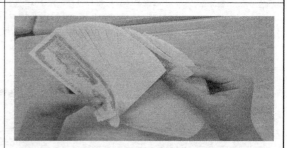 图 7-11
（3）右手食指跟进插入点过的点钞纸后，拇指再下压五张，拇指与食指交替向前，直至完成本把的清点工作，如图 7-12 所示。	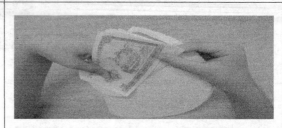 图 7-12

任务四 计数、扎把——整理、捆扎点钞纸

 任务描述

在清点过程的同时进行计数任务，计数时采用分组记数：每组计数五张，24、25 组左右加上多余张数，即对本把清点完成。

 任务分析

此项任务的关键是计数时的节奏与右手拇指下压五张点钞纸的节奏保持一致，做到

脑、眼、手密切配合，且要快速算出总张数，并要求在扎把时动作连贯、流利。

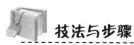 **技法与步骤**

（1）清点完毕合扇时，将左手向右倒，右手放在点钞纸左上侧，均匀地向右下合拢，如图 7-13 所示。	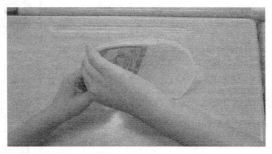 图 7-13
（2）左、右手一起用力收齐点钞纸，横放、墩齐、准备扎把，如图 7-14 所示。	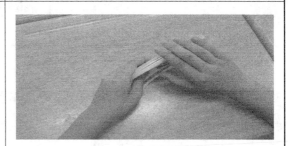 图 7-14
（3）左手拇指和其余四指捏住点钞纸并呈瓦状，右手食指伸开并迅速与拇指和中指捏住放在桌子右上方的捆钞纸，如图 7-15 所示。	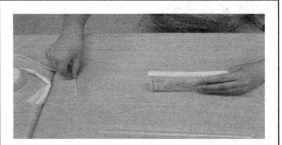 图 7-15
（4）用点钞纸后面的左手中指止住右手送过来的捆钞纸（捆的位置在点钞纸的中间），然后右手三指拉住捆钞纸自上往下转圈，如图 7-16 所示。	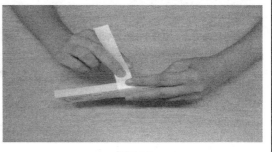 图 7-16

单元七　扇面点钞法

（5）右手拇指和食指将捆钞纸在所处的点钞纸的上边缘位置向右翻折，左手五指仍用力将点钞纸压成瓦状，如图 7-17 所示。

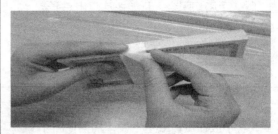

图 7-17

（6）右手中指将右手拇指和食指翻折的捆钞纸顺势从其底部送过来，左手拇指接住并收紧，如图 7-18 所示。

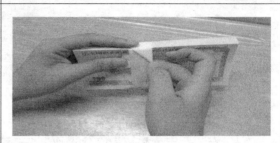

图 7-18

任务五　墩齐、盖章——记录点钞纸的张数

任务描述

清点完后快速将脑中所计的点钞纸张数记在记录表中，然后右手去取印章，在捆钞纸侧面盖章。

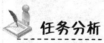
任务分析

此项任务的完成意味着用扇面点钞法点钞的完成，且不要忘记盖章以明确责任人。

技法与步骤

（1）左手拇指接住捆钞纸后，将凹面向下，迅速压平点钞纸，右手快速取笔，将数过的张数记在记录纸上，如图 7-19 所示。

图 7-19

（2）右手记录完后迅速拿起自己的印章在点钞纸的上侧面盖上印章，完成这一把点钞纸的清点，如图 7-20 所示。

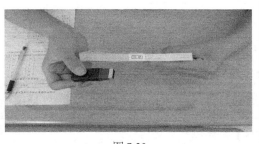

图 7-20

 项目实训

项目一 点钞实务——打开扇面训练 （观摩光盘内容 15）

打开扇面训练，先把动作姿势练习好，老师分别进行指导，然后学生相互观摩。准备练习用具：秒表、点钞机、点钞纸 20 把。

（1）练习打开扇面：分小组初步练习点钞指法动作，老师观摩与指导有序进行。同桌间相互指出不足之处，并由老师巡回指导，如图 7-21 所示。

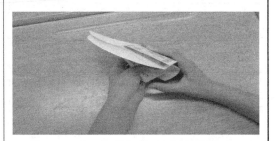

图 7-21

（2）在练习指法动作的同时，有针对地练习学生的心理素质，可以安排一组同学练习，另一组同学在周围观摩，给练习的同学一些压力，如图 7-22 所示。

图 7-22

点钞实务练习记录表（打开扇面训练）

点法： 扇面点钞法　　　　　　　班级：　　　　姓名：

序号	张数	时间（秒）	成绩	序号	张数	时间（秒）	成绩
1				21			
2				22			
3				23			
4				24			
5				25			
6				26			
7				27			
8				28			
9				29			
10				30			
11				31			
12				32			
13				33			
14				34			
15				35			
16				36			
17				37			
18				38			
19				39			
20				40			

点钞实务练习记录表（打开扇面训练）

点法： 扇面点钞法　　　　　　　　　　　班级：　　　　姓名：

序号	张数	时间（秒）	成绩	序号	张数	时间（秒）	成绩
1				21			
2				22			
3				23			
4				24			
5				25			
6				26			
7				27			
8				28			
9				29			
10				30			
11				31			
12				32			
13				33			
14				34			
15				35			
16				36			
17				37			
18				38			
19				39			
20				40			

项目二　点钞实务——提速清点训练
（观摩光盘内容 16）

　　准备提速训练，老师统一喊口令："预备，开始。"当大部分同学点完后，喊："9、8、7、6、5、4、3、2、1，停。"不断对同学进行激励，展开竞争，使同学的点钞速度得到提升。

（1）提速清点的练习是在技法动作熟练的基础上，同桌间相互检测，并记录张数、时间和同桌的批示，如图 7-23 所示。	 图 7-23
（2）采取人机对抗赛、小组赛和一个人点另一个人站着看，并帮助计时等多种形式，不断促使学生平衡心理，提高点钞速度，如图 7-24 所示。	 图 7-24
（3）在准备动作中听到"开始"口令后，要求完成拆把—清点—计数—扎把—盖章的全过程，并要仔细、缜密、快速地进入点钞状态，如图 7-25 所示。	 图 7-25

点钞实务测试记录表（提速清点训练）

点法: 扇面点钞法　　　　　　班级:　　　　姓名:

序号	张数	时间（秒）	成绩	序号	张数	时间（秒）	成绩
1				21			
2				22			
3				23			
4				24			
5				25			
6				26			
7				27			
8				28			
9				29			
10				30			
11				31			
12				32			
13				33			
14				34			
15				35			
16				36			
17				37			
18				38			
19				39			
20				40			

单元七　扇面点钞法

点钞实务测试记录表（提速清点训练）

点法： 扇面点钞法　　　　　　　　班级：　　　　姓名：

序号	张数	时间（秒）	成绩	序号	张数	时间（秒）	成绩
1				21			
2				22			
3				23			
4				24			
5				25			
6				26			
7				27			
8				28			
9				29			
10				30			
11				31			
12				32			
13				33			
14				34			
15				35			
16				36			
17				37			
18				38			
19				39			
20				40			

项目三　点钞实务——快准训练
（观摩光盘内容17）

准备快准训练用具：秒表、点钞机、调整好张数的点钞纸 20 把（对学生抽测用），学生互相抽张数时，控制在 0～5 张。

（1）快准训练不但要求点得快，而且要求准确率。同桌间相互检测，并记录张数、时间和同桌的批示，如图 7-26 所示。	 图 7-26
（2）分组检测，对学生点过的点钞纸进行检查，核对准确率后，再打乱张数供下一组检测，如图 7-27 所示。	 图 7-27
（3）要求在快准训练中，多练习准确率，同桌间每次抽取的张数要有变化，目的是在提高速度的同时关键看准确率，否则一切为零，如图 7-28 所示。	 图 7-28

点钞实务比赛记录表（快准训练）

点法：扇面点钞法　　　　　　　　班级：　　　　姓名：

序号	张数	时间（秒）	成绩	序号	张数	时间（秒）	成绩
1				21			
2				22			
3				23			
4				24			
5				25			
6				26			
7				27			
8				28			
9				29			
10				30			
11				31			
12				32			
13				33			
14				34			
15				35			
16				36			
17				37			
18				38			
19				39			
20				40			

点钞实务比赛记录表（快准训练）

点法：扇面点钞法　　　　　　　　班级：　　　姓名：

序号	张数	时间（秒）	成绩	序号	张数	时间（秒）	成绩
1				21			
2				22			
3				23			
4				24			
5				25			
6				26			
7				27			
8				28			
9				29			
10				30			
11				31			
12				32			
13				33			
14				34			
15				35			
16				36			
17				37			
.18				38			
19				39			
20				40			

项目四 点钞实务——社团活动训练
（观摩光盘内容 18）

在社团活动的训练中，参照全国中等职业学校会计技能大赛点钞比赛要求进行训练。每位成员 20 把调整好张数的点钞纸，互相抽取张数，限时 3 分钟，按大赛要求训练。

（1）社团活动，即点钞兴趣小组的训练，是在技法动作熟练的基础上，同桌间相互检测，并记录张数、时间和同桌批示的一项活动，如图 7-29 所示。

图 7-29

（2）采取人机对抗赛、小组赛和一个人点另一个人站着看，并帮助计时等多种形式，不断促使学生平衡心理，提高点钞速度，如图 7-30 所示。

图 7-30

（3）在准备动作中听到"开始"口令后，要求完成拆把—清点—计数—扎把—盖章的全过程，并要仔细、缜密、快速地进入点钞竞赛状态，如图 7-31 所示。

图 7-31

全国中等职业学校会计技能大赛点钞比赛

成 绩 记 录 单

赛场号：

项目			座位号		准备把数		实点把数	
01		02		03		04		05	
06		07		08		09		10	
11		12		13		14		15	
16		17		18		19		20	

填写要求：凡正确把不用填写，错误把在相应的序号中写上错误张数
选手成绩评定（由裁判员填写）
点对把得分：__分
扣分情况（由裁判员填写）
1. 点错把　扣10分　__把=__分
2. 没有扎把或扎把不符合要求　扣2分　__把=__分
3. 甩把　扣10分　__把=__分
4. 跳把　扣10分　__把=__分
5. 抢点或超时点　扣 __ 分
6. 没有拆把　扣1分　__把=__分
7. 没有盖章　扣1分　__把=__分
累计扣 __ 分

成绩		裁判员签字	

单元七　扇面点钞法

全国中等职业学校会计技能大赛点钞比赛

成 绩 记 录 单

赛场号：

项目		座位号		准备把数		实点把数	
01		02		03	04		05	
06		07		08	09		10	
11		12		13	14		15	
16		17		18	19		20	

填写要求：凡正确把不用填写，错误把在相应的序号中写上错误张数
选手成绩评定（由裁判员填写）
点对把得分：__分
扣分情况（由裁判员填写）
1. 点错把　扣10分　__把=__分
2. 没有扎把或扎把不符合要求　扣2分　__把=__分
3. 甩把　扣10分　__把=__分
4. 跳把　扣10分　__把=__分
5. 抢点或超时点　扣 __ 分
6. 没有拆把　扣1分　__把=__分
7. 没有盖章　扣1分　__把=__分
累计扣 __ 分

成绩		裁判员签字	

项目实训中技法等级评价表
（扇面点钞法）

（一）等级说明表

等级	说明
1	能高质量完成学习目标，技法连贯、娴熟，能起示范作用
2	能较好完成学习目标，且技法连贯、无误
3	能圆满完成学习目标，完成动作的衔接

（二）评价说明表

点法	等级	3分钟张数	百张所用时间	评价
扇面点钞法	1	1 000 张以上	17 秒以内	优
	2	800～999	20 秒以内	良
	3	700～799	22 秒以内	合格

单元八 手持式五指五张点钞法

手持式五指五张点钞法与手按式多指多张点钞法不同，手持式五指五张点钞法持钞时用左手的无名指和小拇指夹钞，其余三指扶钞，右手从大拇指、食指、中指、无名指、小拇指依次滑动一张点钞纸。与前面所学的多指多张点钞法不仅在持钞上不同，而且在点法和计数上也不同，适用于收款、付款和整点各种新的大面额钞票。

在清点时，右手五指依次滑下一张点钞纸，清点次数较少，点五张计一个数，比较省力。因要五指灵活且快速滑钞，所以点快后较容易出错，准确率难以把握，需要长时间强化练习。

学生学习了手按式多指多张点钞法，手指已经有了一定的灵活性，也了解了计数、扎把、盖章等，这对于学习手持式五指五张点钞法打下了良好的基础。

能力目标

通过理论讲解和多媒体动作演示，以及教师的示范和指导，让学生能够边模仿边练习，从慢动作开始熟悉每个指法动作，进而提高速度和准确率。

安排学生分组练习，进行榜样指导，互相学习并提高，不断强化训练，熟练掌握各种不同的点钞法。

任务一 拆把——开始点钞的准备动作

 任务描述

此项任务是各种点钞法的开始动作，取过一把捆好的点钞纸，两手拿住点钞纸的两端并持平，直腰挺胸，全身自然，肌肉放松，双肘自然放在桌上，左手腕部接触桌面，右手腕部抬起。

 任务分析

拆把是每种点钞法的准备动作，手持式五指五张点钞法可采用两种拆把方法：撕断法和抹掉法。

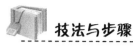
（1）左、右手拇指在点钞纸的两端上面，其余左、右手四指在两端的底部，两臂自然放在桌上，两脚自然分开，身体前倾，目视点钞纸，准备开始点钞，如图 8-1 所示。	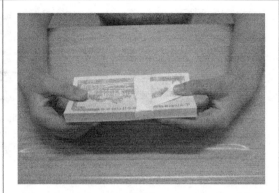 图 8-1
（2）右手按原动作放好，拇指用力下按，将点钞纸压成瓦状；左手向内翻转，左食指勾住捆钞纸，将其撕断或抹掉，如图 8-2 所示。	 图 8-2

任务二　技法分解动作——指法动作分工

 任务描述

拆把后就是指法的动作分工了，这项任务至关重要，只有掌握了正确的指法才能越滑越顺手，越滑速度越快、准确率越高。

 任务分析

本项任务关键是左手持钞，右手五指滑弹钞票和左、右手的相互配合。掌握好指法，再通过大量的强化练习，才能取得好的效果。

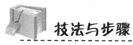 **技法与步骤**

（1）右手拿住点钞纸，左手小指和无名指夹紧点钞纸的左端并自然弯曲，左手食指微弯在中指和拇指之间，三指分开，如图8-3所示。	 图 8-3
（2）右手四指顺着以左手食指为中心将点钞纸垂直扶起，左手拇指和中指扶住点钞纸两边，左手食指微弯作为支撑点放在扶起部分的下方中间，如图 8-4 所示。	 图 8-4
（3）右手五指弯曲在一个平面上，除右手拇指外的其余四指尽量在一条直线上且并拢，如图8-5所示。	 图 8-5

任务三　清点——一次五张滑弹点钞纸

 任务描述

指法动作掌握后，就是本单元的重点任务——清点，左手持钞姿势准确后，关键是练习右手五指滑弹点钞纸和左右手的配合。

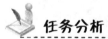

任务分析

此任务在练习滑弹的动作时，右手先滑动，其余四指再逐一滑弹。通过大量练习，逐渐加快节奏，提高频率，从而达到最佳的手感。

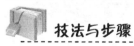

技法与步骤

（1）左手持钞，右手五指弯曲在一个平面上，右手拇指放在点钞纸的左上角位置，轻轻向右下方滑动，紧接着其余四指滑钞，如图8-6所示。

图8-6

（2）右手除拇指外的其余四指并拢弯曲，依次按食指、中指、无名指和小指的顺序，从点钞纸的右上角向左下方一指一张轻轻滑动，如图8-7所示。

图8-7

（3）左手配合右手送钞，左右手协调配合，五张为一个数，100张为20个数，如图8-8所示。

图8-8

（4）当五指五张点至快要结束时，最后的四到五张可以用右手拇指将剩余几张拉开，加进总张数中，如图8-9所示。

图8-9

（5）点完后，两手迅速整理点过的点钞纸，一起横放、墩齐、收紧，如图8-10所示。

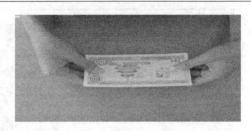

图8-10

任务四　计数、扎把——整理、捆扎点钞纸

 任务描述

在清点的同时进行计数，计数时采用分组记数：每次滑五张，20次为100张，即本把清点结束。

 任务分析

此项任务的关键是默记数时的节奏与右手五指滑弹的节奏要保持一致，做到脑、眼、手密切配合，既快又准，并要求扎把时动作连贯、流利。

 技法与步骤

（1）清点完后，左手拇指和其余四指捏住点钞纸并呈瓦状，右手食指伸开迅速与拇指和中指捏住桌子右上方放置的捆钞纸，如图8-11所示。

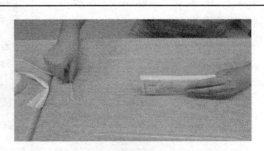

图8-11

（2）用点钞纸后面的左手中指止住右手送过来的捆钞纸（捆的位置在点钞纸的中间），然后右手三指拉住捆钞纸自上往下转圈，如图 8-12 所示。

图 8-12

（3）在转捆钞纸时，左手拇指用力下压，使点钞纸成瓦状。旋转两圈至点钞纸上侧面时，左手食指帮忙压住捆钞纸，如图 8-13 所示。

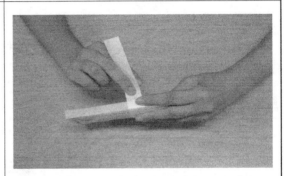

图 8-13

（4）右手拇指和食指将捆钞纸所处的点钞纸的上边缘位置向右翻折，左手五指仍用力将点钞纸压成瓦状，如图 8-14 所示。

图 8-14

（5）右手中指将右手拇指和食指翻折的捆钞纸顺势从其底部送过来，左手拇指接住并收紧，如图 8-15 所示。

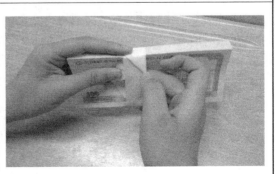

图 8-15

任务五 墩齐、盖章——记录点钞纸的张数

 任务描述

清点完后快速将脑中所计点钞纸的张数记在记录表中，然后右手迅速去取自己的印章，在捆钞纸的上侧面盖章。

 任务分析

此项任务的完成意味着用手持式五指五张点钞法点钞的完成，且要盖章以明确责任人。

 技法与步骤

（1）左手拇指接住捆钞纸后，将凹面向下，迅速压平点钞纸，右手快速取笔，将数过的张数记在记录纸上，如图8-16所示。	 图8-16
（2）记录完后，右手拿起自己的印章，在点钞纸的上侧面盖章，完成这一把点钞纸的清点，如图8-17所示。	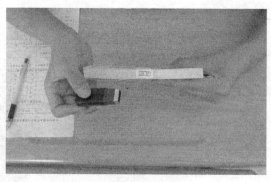 图8-17

项目一　点钞实务——初练动作实训
（观摩光盘内容 19 ）

分小组练习，先把动作姿势练习好，并分别指导，然后学生相互观摩。

准备练习用具：秒表、点钞机、点钞纸 20 把。

（1）分小组初步练习点钞动作，观摩与指导有序进行。同桌间相互指出问题，并由老师巡回指导，如图 8-18 所示。	 图 8-18
（2）在练习指法动作的同时，有针对地练习学生的心理素质，可以安排一组同学练习，另一组在周围观摩，给练习的同学一些压力，如图 8-19 所示。	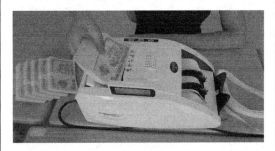 图 8-19
（3）在练习指法动作过程中，要求完成拆把—清点—计数—扎把—盖章全过程按标准动作，动作放慢，指法必须准确无误，如图 8-20 所示。	 图 8-20

点钞实务练习记录表（初练动作实训）

点法： 手持式五指五张点钞法　　　　班级：　　　　姓名：

序号	张数	时间（秒）	成绩	序号	张数	时间（秒）	成绩
1				21			
2				22			
3				23			
4				24			
5				25			
6				26			
7				27			
8				28			
9				29			
10				30			
11				31			
12				32			
13				33			
14				34			
15				35			
16				36			
17				37			
18				38			
19				39			
20				40			

点钞实务练习记录表（初练动作实训）

点法：手持式五指五张点钞法 班级： 姓名：

序号	张数	时间（秒）	成绩	序号	张数	时间（秒）	成绩
1				21			
2				22			
3				23			
4				24			
5				25			
6				26			
7				27			
8				28			
9				29			
10				30			
11				31			
12				32			
13				33			
14				34			
15				35			
16				36			
17				37			
18				38			
19				39			
20				40			

单元八 手持式五指五张点钞法

项目二　点钞实务——社团活动训练
（观摩光盘内容 20）

在社团活动的训练中，参照全国中等职业学校会计技能大赛点钞比赛要求进行训练。每位成员 20 把调整好张数的点钞纸，互相抽取张数，限时 3 分钟，按大赛要求训练。

（1）社团活动，即点钞兴趣小组的训练，是在技法动作熟练的基础上，同桌间相互检测，并记录张数、时间和同桌批示的一项活动，如图 8-21 所示。	 图 8-21
（2）采取人机对抗赛、小组赛和一个人点另一个人站着看，并帮助计时等多种形式，不断促使学生平衡心理，提高点钞速度，如图 8-22 所示。	 图 8-22
（3）在准备动作中听到"开始"口令后，要求完成拆把—清点—计数—扎把—盖章的全过程，并要仔细、缜密、快速地进入点钞竞赛状态，如图 8-23 所示。	 图 8-23

全国中等职业学校会计技能大赛点钞比赛

成 绩 记 录 单

赛场号：

项目		座位号		准备把数		实点把数	
01		02		03		04		05
06		07		08		09		10
11		12		13		14		15
16		17		18		19		20

填写要求：凡正确把不用填写，错误把在相应的序号中写上错误张数

选手成绩评定（由裁判员填写）

点对把得分：__分

扣分情况（由裁判员填写）

1. 点错把　扣10分　__把=__分

2. 没有扎把或扎把不符合要求　扣2分　__把=__分

3. 甩把　扣10分　__把=__分

4. 跳把　扣10分　__把=__分

5. 抢点或超时点　扣__分

6. 没有拆把　扣1分　__把=__分

7. 没有盖章　扣1分　__把=__分

累计扣__分

成绩		裁判员签字	

全国中等职业学校会计技能大赛点钞比赛

成 绩 记 录 单

赛场号：

项目		座位号		准备把数		实点把数	
01		02		03		04		05	

01		02		03	04		05	
06		07		08	09		10	
11		12		13	14		15	
16		17		18	19		20	

填写要求：凡正确把不用填写，错误把在相应的序号中写上错误张数

选手成绩评定（由裁判员填写）

点对把得分：__分

扣分情况（由裁判员填写）

1. 点错把　扣10分　__把=__分

2. 没有扎把或扎把不符合要求　扣2分　__把=__分

3. 甩把　扣10分　__把=__分

4. 跳把　扣10分　__把=__分

5. 抢点或超时点　扣 __ 分

6. 没有拆把　扣1分　__把=__分

7. 没有盖章　扣1分　__把=__分

累计扣 __ 分

成绩		裁判员签字	

项目实训中技法等级评价表
（手持式五指五张点钞法）

（一）等级说明表

等级	说明
1	能高质量完成学习目标，技法连贯、娴熟，能起示范作用
2	能较好完成学习目标，且技法连贯、无误
3	能圆满完成学习目标，完成动作的衔接

（二）评价说明表

点法	等级	3分钟张数	百张所用时间	评价
手持式五指五张点钞法	1	700张以上	22秒以内	优
	2	600～699	24秒以内	良
	3	500～599	26秒以内	合格

附:

机器点钞

机器点钞就是用点钞机代替手工点钞,既减轻了劳动强度,又提高了工作效率,机器点钞适用于清点大批款项。

(一)准备工作

(1)点钞机放在操作人员的正面,接通电源,使机器处于正常操作状态,如图 8-24 所示。	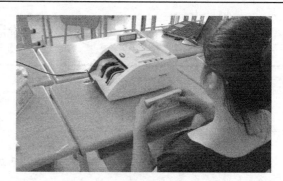 图 8-24
(2)待点的点钞纸整齐排放在点钞机的右侧,捆钞纸和印章按固定位置放好,保证点钞过程的连续性,如图 8-25 所示。	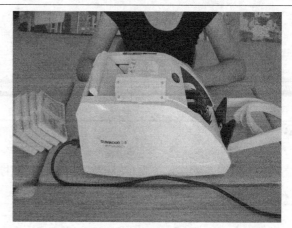 图 8-25
(3)根据点钞的不同需要,选择相应的功能键,如图 8-26 所示。	 图 8-26

（二）清点

（1）持钞与拆把：右手握住点钞纸，并稍微用力使其成瓦状，左手食指撕断捆钞纸，如图8-27所示。	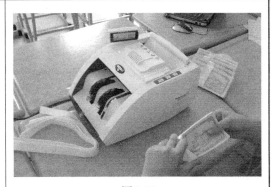 图8-27
（2）拆把后，将点钞纸均匀排开，平放在滑钞板上，点钞机开始自动传送、计数、识别、整理，如图8-28所示。	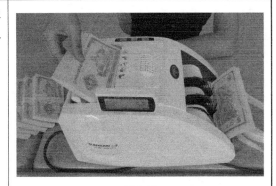 图8-28
（3）墩齐、扎把、盖章（方法同手工点钞），如图8-29所示。	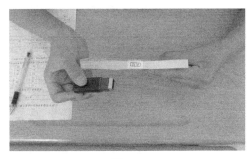 图8-29